わが青春の国際学連

プラハ1959〜1968

石井保男【著】

社会評論社

わが青春の国際学連——プラハ１９５９〜１９６８＊目次

国際学生連盟の歌

作詞　オシャーニン
作曲　ムラデリ
訳詞　東大音感合唱団

1　学生の歌声に　若き友よ手をのべよ
輝く太陽　青空を　再び戦火で乱すな
我等の友情は　原爆あるもたたれず
■闘志は火と燃え　平和のために　戦わん
■団結かたく　我が行く手を　守れ

2　労働にうちきたえて　実らせよ学問を
平和望む人のために　ささげよう我が科学
我等の友情は　原爆あるも　たたれず
■闘志は火と燃え　平和のために　戦わん
■団結かたく　我が行く手を　守れ

3　砲火くぐり進んだ我ら　血と灰を思い起こせ
立ち上がれ世界の危機に　平和守る戦いに
我等の友情は　原爆あるも　たたれず
■闘志は火と燃え　平和のために　戦わん
■団結かたく　我が行く手を　守れ

まえがき

今年は日米安全保障条約の維持・改定に反対する、あの、みずみずしい烈火となって展開された「60年安保闘争」から丁度50年目にあたります。つまり「半世紀の年月」がすぎたことになります。まず、闘いのさなかの6月15日、尊い命を落とされた故樺美智子さんに、あらためて哀悼の意を表し心の底で黙とうをささげます。「60年安保闘争」に加わった皆さんも、その後の道のりは、ひとそれぞれ千差万別であれ、お気持ちの中には等しく樺さんの魂がともし火として保たれ、生きていると信じます。いまあらたに60年安保条約は、同時に核もち込みを認める「密約」を伴う内実が暴露されました。「非核三原則」は71年国会決議の瞬間すでに破棄されていたのです。

この「半世紀」での変化は大きくて深いものがあります。私たち一人ひとりの変化もさることながら、世界の変化は途方もなく大きいと言えるでしょう。１９１７年に20世紀現実の中で誕生した全く新しい社会形態ソヴィエト連邦が解体・消滅しました。相前後して、ソ連・東欧体制全体が崩壊し、数十年間にわたり世界中をまきこんだ「冷戦」は、その基盤を失って終わりを告げました。この事実をみて「社会主義にたいする資本主義の勝利」などとカラ騒ぎする向きもありますが、むなしい見当違いです。権力の集中独占で利得をむさぼり、社会主義を、特権階級の食いものに変質腐食させた、反人民的な支配政権・党官僚体制の自己崩壊にほかなりません。「社会主義の崩壊」とは全くの別物です。この違いの混同は許されません。一方の金融資本を本体とする世界の帝国主義勢力はどうか。マーケット至上主義のいわゆるグローバリゼーションで投機集団をのさばらせ、総合的な制御能力を喪失しつつあり、その実態はサブプライム・ローン、リーマンブラザーズ等の破たんや相次ぐ統合合併ゲームとなって露呈されつつあります。極度の格差と離合集散のカオスが渦巻きつつあり、著名な各国数々の経済学者が、それぞれの立場から、それぞれの言葉で「資本主義の運命」を語り始めています。21世紀は単なる「20世紀のつづき」ではなく、「新しい世紀」に展開しようとしています。オバマ米大統領の「プラハ演説（核禁止）」はどうなるでしょうか。

50年前、私たちは若かった。50歳も若かった。それでも、いや、それだからこそ、私たちは私たちなりに「来たるべき将来」を直感し、その直感を行動に移した。「60年安保闘争」はその直感の結晶だった、そう言えると思います。創立以来の全学連の歴史のなかでひときわ突出し、燦然と光を放っています。あの闘いは全世界の注目を集め、まさに「ゼンガクレン」の名は国際用語として通用しました。僕は、その結晶の一片として、「60年安保闘争」をたたかう集団の一人として、国際的活動を展開する任務で全学連から指名され、前年の１９５９年２月羽田をとびたち、チェコスロヴァキア（当時）の首都プラハに向かいました。日本全学連を代表して国際学連（国際学生連合 International Union of Students = IUS）本部に常駐することを目的とするものです。プラハを根拠地に世界各地に飛びまわる活動も含まれます。実績として東西ヨーロッパはもとより、アフリカ・中東・ラテンアメリカ・アジア諸国と広範におよびました。さまざまな条件が重なり、こうした活動は9年半の長きにわたります。本書はその多彩な体験の手記であり、また僕を国際舞台に送りだした旧友たちへの報告書でもあります。「報告書」としては、残念ながら遅きに失したことは否めず、この場をかりてお詫びさせていただきたいと思います。

「60年安保闘争」はかがやかしい実績を残し、安保条約改定のため訪日を予定していた米国アイゼンハウアー大統領は沖縄まで来ていながら追い返され、訪日調印は失敗しました。これは明らかに闘争の成果の一つです。岸内閣も打倒、退陣に追いこみました。しかし一方で安保条約の改定そのものは国会を通過して、それを阻止することはできませんでした。たたかいが目指した本来の目的は達成できなかった。この現実を前にして「60年安保闘争」の「総括」は当然ながら深刻をきわめました。「総括」をめぐって意見は交錯し、ついに意見の分裂から組織的分裂にまで傷口がひろがる。僕はこの分裂の過程ではプラハに常駐しており、巻き込まれようもなかったのが実状です。したがって私はそのどの流派にも属さず、私固有の理論的立場を構築しつつも、あくまでも「60年安保闘争をたたかった全学連の代表」で在りつづけました。それゆえ分裂後も「すべての流派」を代表する「ただ一人の存在」として国際学連副委員長の役職でプラハにとどまり、「全学連代表」に課せられた任務を果たし、執拗な日本共産党の干渉をはね退けてきました。こうした実状をふまえ、本書では上記した「すべての流派」を総まとめにして「新左翼勢力」という呼称を用いますのでご了承ください。

末筆ながらこの小著を世に出すにあたり、出版社の紹介から文章の構成・表現までお世話いただいた旧友の栗山武さんと、出版を受けて下さり、かつ貴重な助言をいただいた社会評論社の松田健二社長に厚く感謝の念を表したいと思います。

2010年6月

第Ⅰ部
医学連の活動、そしてプラハへ

一　そのころ、自分のおかれた座標

◇新しい学生運動の潮流（共産主義者同盟「ブント」の結成）
――その代表としてのプラハ常駐

この小著の筆者は、「冷戦」の東西死活をかけた対立関係の中で「東側」にわたり滞在していた。しかも共産主義者でありながら、いや、真の共産主義者であることを自負するがゆえに「反『東側体制』思想」を堅持しつつ、東側に本部をもつ一つの「重要な国際組織の幹部（副委員長）」として長期間にわたり活動してきた。その意味では他に類例のない、逆説的（パラドクシカルな）性格をもつ体験の手記である。もちろん時代的背景がある。激動に満ちた1960年代の10年間だ。のちにみられた「東側」体制の全面崩壊と関係する要素を含んでいる。

わが国の歴史にかがやかしい一ページをつくりあげた60年安保闘争は「ブント」を中核とする全学連指導部によって組織された。闘争の中で亡くなられた樺美智子さんもブントのメンバーだった。その当時の全学連執行部は、「スターリン主義集団」として多くのあやまちをくりかえしてきた日本共産党ときっぱり決別して結成された共産主義者同盟（ブント）に集結していた。僕自身、発足当時からブントのメンバーだった。【以下「旧ソ連型」の表現は「スターリン主義的」と基本的に同じと考えて差し支えない。】アイゼンハウアー大統領を訪日途中で追い返した状況などで「ゼンガクレン」の名は世界中に知れわたった。僕はその「新しい全学連」の代表として送られた。つまり「鉄のカーテン」を突破して、一人のソ連型体制に対する「批判主義者」が組織の代行者として、旧ソ連型体制勢力の本拠地の一つである国際組織の中枢部にのりこんだ、ということである。本書の核心部分はここにある。ちなみに、秘密警察国家でもある旧ソ連・東欧諸国においては、これはとうぜん非常な危険をともなうもので、いつ「消される」かもしれない行動であった。自宅の電話はすべて盗聴されていたことが後に判明する。僕ははじめから察知しており電話での言葉には注意をはらっていた。

僕は政治的信条として「帝国主義反対」と同時に「スターリン主義体制反対」の立場をつらぬいてきた。どちらの体制も、形は異なっても「反人民」としての本質では同じである。いずれも人民大衆の利益と将来に敵対する体制として共通である。「帝国主義体制からの解放」と共に「スターリン主義体制からの解放」が僕の信念であり政治的判断と行動の規範でもある。この両面のたたかいは同時に進められねばならない。とうぜん（多大な困難をのりこえて闘いとられる）正当な社会主義さらに「能力に応じて労働し、必要に応じて分配を受ける」共産主義共同体社会の全世界的な実現を、「理念」として大切にしている。そうした意味において僕は一人の「共産主義者」として生きている。

このような信条のもちぬしである僕が、全世界「冷戦」の渦巻く１９５９年２月25日の夜羽田をとびたち、空路「東側の」チェコスロヴァキア（当時）に向かった。あの60年安保闘争の前年のことで、すでに闘争にむけて準備がすすめられていた。当時僕は東大医学部の最終学年に在籍しており、１９５９年３月卒業を目前にひかえた行動で、じっさい卒業試験も半ばすませていた。ここで卒業すれば当然「学生」ではなくなるので、全学連から外れる。しかしその時期新しい思想傾向で運動を展開し始めた全学連から指名されて僕は、首都プラハにある国際学連（国際学生連合 International Union of Students＝ＩＵＳ）の本部に「日本全学連の代表」として常駐することが決まり、そのことを目的として日本を離れた。

さまざまの条件がかさなり、１９６８年９月までＩＵＳにかかわりをもって９年半の長期にわたりプラハに滞在することとなり、またプラハを拠点として世界各地に海外活動を広げた。１９６８年８月20日の深夜、ソ連を中心とするワルシャワ条約機構延べ50万人の兵力と四千両のタンクがチェコスロヴァキアを軍事制圧したが、まさにそのときも、僕は現地状況の「ど真ん中」にいてナマの現実を体験した。プラハへの出発前、冷戦「東西」の境界である「鉄のカーテン」を越えてゆくということで、そのころ政府の審査は厳重をきわめた。(当時の中国とは異なり)チョコスロヴァキアとの国交は正常でまたＩＵＳからの正式な招待状があったため合法的であり、禁止や拒否はできなかったが、パスポート入手に2カ月余もかかった。調査にかかわる関係官庁として法務省・外務省・公安調査庁などはまだわかるが、こちらの催促にたいする当局の説明では、なぜか科学技術庁までふくまれていた。そういう時代であった。

二　プラハへ出発（一九五九年二月）

◇尾崎秀実をかくまった吉田富三先生（医学部長）との面談

パスポートが下りて1959年2月中旬、僕は、当時東大医学部長の吉田富三先生を学部長室に訪れ、ご挨拶を兼ねて出国の経緯を説明した。病理学がご専門で、癌研究の分野では、あの「吉田肉腫」によって世界的に有名であり、文化勲章も受章された吉田先生である。話を聞いて先生はしばらく考えた後、まず口を開かれたのは、つい最近きめられた同級生高橋国太郎君（のち東大医学部脳研究所教授）への退学処分と、その決定に至る学部長としての苦悩だった。58年10月、岸内閣によって国会に提出された「警職法」に反対して学生大会でスト決議したことにより、当時医学部学生自治会の委員長であった高橋君が「大学の掟」により責任を取らされたのだった。【注「警職法」＝正確には「警察官職務執行法改正案」で、令状なしに予防拘束などを可能にする、人権無視のとんでもない法案】　優秀な人材と分かっており、それだけ期待されている学生に対し退学という最も重い処分を与えざるを得ない。この大学当局の責任者としての立場。いわば「板ばさみ」の位置に置かれた先生の苦しいお気持ちが痛いほど伝わって来た。（僕自身も全学連中央執行委員の一人として、自治委員会で積極的な役割を果たしたのですと強調したが、「処分の対象はあくまで委員長」という「規則」で、どうにもならない、とのお話だった。）

吉田富三先生

しばらく間をおいてから、「石井君、実はこういうことがあったのだよ」と切り出され、一般には全く知られていない驚くべき物語をお話して下さった。何とあの太平洋戦争開戦直前の「ゾルゲ事件」の一節である。「ゾルゲと活動を共にした日本側の最高当事者で、逮捕されゾルゲと同時に死刑に処せられた尾崎秀実《ホツミ》のことなのだけど」と、一口一口噛みしめるように話された。「彼は東大の法学部に行ったが、一高時代に寮でずっと同室だった。気持のいい男で頭も切れた。事件が発覚して彼は官憲から追われる身になった。それで或る日、かれが僕の自宅に来た。しばらくここにおいてくれないか、と。要するに『かくまって欲しい』というわけだね。僕は事件と何の関わりもないけど、そうかといって、彼を官憲につき出すなんて到底できない。かなりの期間わが家に居たのだ」と。どうしてあの日、あの時、あの場所で、この強烈なお話をなさって下さったのか、今でも断言するほどの勇気はないけれど、どこかで「波長」が共鳴したとしか思えない。先生はこの話を終えた後、「石井君、やるからには、徹底的にやってくれ」と結んで下さった。こうした吉田富三先生との面談が、どんなにその後10年余に及ぶ僕なりの活動の支えとなり、勇気とエネルギーを与えて下さり、その原動力になったか、計り知れないものがある。

※ここで「ゾルゲ事件」について大まかに説明しておこう。ゾルゲは当時、日本の同盟国であったドイツの「フランクフルター・ツァイトゥング」紙の特派員を装って来日した。一方日本側最高協力者の尾崎秀実《ホツミ》は近衛内閣嘱託なども務めた政府高官のブレイン。ともにソ連の諜報活動に従事。「開戦後日本軍は南方に向かい、ソ連攻撃はせず」との諜報電報をソ連に送信。これを受けて、極東で真冬支度に身を固めて集結していたソ連精鋭数十万の大軍がヨーロッパ戦線に移動。ナチス・ドイツに負けっぱなしで、すでに数百万兵士の犠牲者を出していたソ連軍が、大激戦の末や

っと攻勢に転じたスターリングラードの一戦で決定的に重要な役割を果たす。この極東軍の参戦が間に合わなかったら、ドイツ軍はモスクワまでも攻略したと推定されている位なので、ゾルゲの一報はまさに勝敗を分けたわけである。のちゾルゲは「ソ連邦英雄」の称号をうけ称賛される。なお、ゾルゲと尾崎は太平洋戦争勃発直前の1941年10月逮捕され、死刑の判決をうけて巣鴨拘置所に留置され、1944年11月7日（ロシア革命記念日）同拘置所で処刑された。【ちなみにゾルゲについては、まだ話の続きがある。第二次世界大戦に直結したストーリーだ。不倶戴天の敵どうしの筈だったヒトラー・ドイツとスターリン・ソ連が1939年8月23日突如「独ソ不可侵条約」をむすんで世界をあっとおどろかせた。わが国の平沼騏一郎内閣も国民に責任ある説明ができず、八月三十日、「欧州情勢は複雑怪奇なり」として総辞職した。しかし、こうした独ソ関係は長続きしなかった。1年10ケ月後の1941年6月22日ドイツ軍はソ連に侵攻、独ソ戦が火ぶたをきった。ゾルゲ機関はこの日と時刻までも前もって正確に把握しており、その旨モスクワに打電してあったのだ。ところがスターリンはゾルゲを「二重スパイ」とうたがい、この通報を無視した。それで大々敗をかさねた。ナチス・ドイツ軍はモスクワ近郊数十キロにまで達した。これを逆転できたのも上述のとおりゾルゲ機関のおかげだったが、うたがい深いスターリンはゾルゲ個人を評価しなかった。正式に「ソ連邦英雄勲章」を与えられたのはスターリンの死後で、フルシチョフ時代直後の1969年11月5日だった。】

◇羽田空港で

いよいよ「その日」が来た。１９５９年2月25日夜の8時前、羽田空港の出発便ロビーには30~40名の友人が見送りに来てくれた。全学連関係の面々と医学部の学友数名だった。すぐ隣には明治大学運動部の一団が集まっていた。どうやらラグビー部の選手団らしく、紫がかったユニフォームを身に着けていた。海外遠征に出かける選手たちと応援団の皆さんたちだ。ここで双方の団体それぞれに声を張り上げての大合唱が繰り広げられた。（ただし一種のフェアプレイで「歌のつぶし合い」にはならず、お互い、相手側がスピーチになると他方が歌いだす、という具合だった。）こちら側は主として「インターナショナルの歌」（♪　立て、飢えたるものよ、今ぞ日は近し・・）や、その頃には集会やデモなどで必ず歌われていた「国際学連の歌」（♪　学生の歌声に、若き友よ手をのべよ、輝く太陽青空を、再び戦火で乱すな・・）、一方向こう側は「明大校歌」（♪　白雲なびく駿河台・・）や様々の応援歌。実にカラーフルで活気に満ちた、ムンムンする雰囲気だった。

やがて搭乗の時間が来た。見送りの諸君には、振り返って何度も手を振りつつ遠ざかり、飛行機に乗り込んだ。その頃ヨーロッパ直行のジェット機などはなく、エア・インディア所属で

出発を前に、医学部の同級生
▲前列左から三人目が筆者、同右から二人目が高橋國太郎氏

4発のプロペラ機・ボーイング社製だった。気候条件も良く、静かで乗り心地は上々だった。初めての航空機体験である。次の着陸地点、香港に向かって順調に飛んだ。当然、機内では多種多様な想念が頭をよぎった。「国際活動」といってもまだ具体的なイメージはまだ無い。どんな人々と一緒にやるのか、についても同様である。必ず直面するのは「言葉」の問題だが努力すれば慣れて何とかなるだろう・・等々。

◇香港から北京・モスクワを経てプラハへ

香港空港では中国全学連の代表がきち

んと時間通り空港に来ており、出迎えてくれた。通訳をふくめて5名の人たち。この事実は1959年当時、すでに香港は中国によって何事もフリーに出来る状態になっていた事を示している。香港には一泊する予定になっており、市内のホテルに案内された。ささやかながら清潔そうなホテルだった。ここでこれからの予定と諸手続きの確認が行われた。香港⇩深圳（シンセン）⇩広州⇩北京⇩モスクワ⇩プラハまでのスケジュールと航空機搭乗券の受け渡しが主だった。用意周到の印象を受ける。ところが、である。

ここで一つの思わぬハプニングが発生したのだ。これには参った。正式な日中国交回復（「正常化」）は1972年9月29日達成されたが、これは当時においては13年半先のことである。要するに僕が中国を経由すること自体が非合法的なのだ。中国全学連はこの事情をよく理解していた。したがって「中国ヴィザのスタンプはパスポートの紙面にではなく、『別紙』に捺すことが絶対必要」とよく認識しており、その旨こちらにもキチンと説明が行われた。ところが中国旅行社にこの辺の微妙な事情がうまく伝わっておらず、旅行社は何とパスポートに中国ヴィザのスタンプを捺してしまったのだ。このままでは僕のパスポートは出発3日目にして早くも「無効」になってしまう。したたか面喰った。早速中国全学連の当事者に連絡をとり、「善処」を求めた。どうなることかと心配していたが、凡そ2時間半くらいして「はい、修正しました。ご迷惑をかけて申し訳ありません」と丁寧に謝罪しつつパスポートを持ってきた。見るとパスポート上の中国ヴィザのスタンプはきれいに消し去られ、しっかり「別紙」にスタンプが捺されていた。どんな薬品を使ったのか分らないが、一見したところ「何もなかった」ように消去されていた。これでわがパスポートは「有効性」を回復し、無事に使用できるようになった。

※実は国際社会はそれほど甘くはなく、翌年オランダのアムステルダム空港に降り立った時、税関の係員がパスポートの紙面に何か不審をかぎつけたようで、離れた所に持って行き、グリーン色を発する機器で詳しく調べたのち戻ってきて、「ここには漢字で記された中国ヴィザのスタンプを消した痕が残っている。違法なのでオランダには入国できない。明日一番のプラハ行きの飛行機で帰ってほしい」と告げられ、一晩アムステルダムの拘置所にぶち込まれた。独房である。翌朝大型の「囚人護送車」に只一人乗せられ、アムステルダム国際空港搭乗口に乗り付ける始末であった。ついでにひと言。当時日本のパスポートのとりあつかいは今と異なり、海外にでて一度帰国するとそのパスポートは無効になる。（ビジネス用には別のルールがあったようだが）逆に、帰国しなければいつまでも自動的に有効であり、パスポートが訪問諸国の入国・出国ヴィザ・スタンプでいっぱいになったら日本大使館で次のあたらしいパスポートを発行してくれる。そのため、上記の因縁づきのパスポートはまもなくヴィザで満杯となり引退して、次々のパスポートが順次使われたので、その後問題はまったくなかった。

さて、翌朝香港から中国領土の深圳に着き、ここから鉄道で広州に向かった。

これが陸路で当時の中国社会を垣間見る唯一のチャンスとなり、貴重な経験だった。というのは丁度そのころ１９５８年に毛沢東の指導で「大躍進」の号令の下、あの「人民公社」が開始され、僕は列車の中からという制約はあったが、農村での「実状の一端」を散見する機会を得た。見渡す限り広い農地のあちこちで、ゆっくり歩いて進む、長い人の列。ほとんどが女性に見えた。一見しての印象は「万事手作り」の農耕作業。その直後一泊した北京では、直接人民公社を訪れて説明を受ける機会を与えられ、「人民公社」の概要は頭に入った。これは農業集団化の一形態で、農村での行政と経済組織の一体化が図られた。

「人民公社」という名称の地区組織を一単位とした社会の中で全ての住民が生産・消費・教育・政治などすべてを行うシステムであった。だが地方格差の拡大と全体的な生産能率の低レベルのため、１９７８年の生産責任制の導入により人民公社は事実上機能せず、１９８２年の憲法改定により事実上「失敗」とみなされ解体された。「大躍進」「人民公社」の号令を発した毛沢東は半ば失脚して国家元首の地位を劉少奇（りゅう・しょうき／リウ・シャオチー）に渡し、鄧小平（とう・しょうへい／ダン・シャオピン）が党総書記となり、劉・鄧体制となる。（こうした事情と経過が「文化大革命」にみられる激しい権力闘争の混乱につながって行く。つまり毛沢東グループは総反撃・奪権の闘争を組織する。劉少奇・鄧小平一派を「走資派」（資本主義に走

中国・人民公社の概念図（ポスター）

るグループ）と断罪し、「造反有理」のスローガンのもと数千万人の若い紅衛兵（Red Guards）を動員して「権力者（大学の教授クラスもふくむ）打倒・旧来文化打破」の暴風を巻きおこす。劉少奇にたいする扱いは犯罪人以下で、病にたおれたが、治療はおろか栄養・暖房もあたえられず、自宅のゴミのなかに放置されたまま死にいたったと伝えられる。一方鄧小平は3度失脚し3度復権した。その理由は「走資派」と批判されながらも、毛沢東から「あれはまだ使いものになる」と評されたためといわれるが、真偽のほどはまったく定かでない。

広州では珠江を見下ろすホテルに一泊し、空路北京に向かった。古い双発のプロペラ機でガタガタ揺れるため若干の危険感を覚えたが、無事着いた。翌朝北京では、案内のスタッフが「京劇か人民公社どちらにしますか？」と一日の過ごし方について尋ね

深圳から広州まで列車の旅。通訳の孫さんは大へんよくしてくれました。
旅行途中のスナップ。

てくれたので「人民公社」と答えた。車で20分位「北景公社」に着いた。２時間ほど見学し説明を受けたが、短時間ではとてもその全容と社会的仕組みと意義が捉えられる筈もなく、大まかなシステム的内容は既述した通りである。一泊して、イルクーツク経由モスクワに飛んだ。天気はずっと快晴で地表ははっきり目に映る。バイカル湖を横に眺め、オビ河・イェニセイ河などの大河を見た。やはりロシアは広大な大地だ、と思わせる。このルートの飛行は至極快適だったが、のちほどプラハのＩＵＳで聞かされた話題を耳にしてゾッとした。わずか1年前、すなわち昨年の１９５８年、北京で第5回ＩＵＳ大会が開かれた。それが終了した帰途、「大会参加者専用の航空機」が、まさにこのルートを飛行中墜落して乗務員と多数の乗客全員が即死したとのことである。乗客の多くはアフリカ各国の代表団で、またＩＵＳ本部事務局員のほとんど全員だった（！）。それを知ったあとは、このルートが何だか不気味でこわくなった。僕の前任者で、プラハのＩＵＳ本部に常駐していた田中雄三君（前全学連委員長）は北京大会に出席していた。そして帰途、まったく偶々の事情で当の墜落した飛行機には乗らないことになったため「あぶないところ助かった」と話していた。

さて、モスクワでは「迎賓館」に泊まった。別に「えらい人」が泊まる場所ではなく、単にトランジット客が一泊する素気ないホテルである。翌日は最後の航路モスクワ⇩プラハだ。驚いたことは乗ったのがジェット旅客機だったこと。「テュボレフＴＵ―１０４」で時速９５０

国際学連のスタッフの迎えを受ける。上の写真：石井と小野一郎さん（京大出身、IUSの事務局勤務）。下のビルが国際学連の書記局。

kmの高性能機で、世界で2番目のジェット旅客機だった。こう言うと聞こえはよいが、実は中距離爆撃機TU－16に少しだけ手を入れた代物で、高速だが猛烈な騒音のカタマリだった。爆撃機だから無理もない。うるさくて隣の人の声もまともに聞こえない。でも、しばらく飛んでいるうちに慣れてしまって、下界の景色を眺める余裕もできた。

やがてプラハ空港着。10年に及ぶ生活の場所への第一歩、1959年3月1日の午後だった。さすがに寒い。プラハは北緯50・1度。終戦までサハリン（樺太）はポーツマス条約で区切られた日本／ロシアの境界がカッキリ北緯50度、これと全く一致するほど「北の北」に位置する所だ。（ベルリンはさらに北になる。）IUSのスタッフがきちんと迎えに来てくれていた。そこから真っ直ぐにIUSの本部に向かった。車はやや旧式のメルセデス・ベンツだったが、乗り心地はよかった。「東側」のIUSが「西側」の車を専用している事に、なにやら不思議な感じを持ったことが思い出される。

◇プラハでの生活

プラハの中心ヴァーツラフスケ・ナーメスチ（ヴァーツラフ大広場）から南東に1キロ足ら

ず、「ヴィノフラディ（ぶどう園）地区」という、以前は中流階級を中心とした閑静な住宅街であった地域がある。戦後も雰囲気は残されていた。その中の「ブラニツカー街10番地」という住所にポッンと「ホテル・フロリダ」があった。「ホテル」というよりは「コンクリ2階建ての小アパート」である。何の飾り気もなく全く目立たない。その2F・9号室に案内された。以後8年間住むことになる空間である。12畳位の長方形でガランとした「只の箱」だ。「ベッドと小さな洗面台と鏡」＝あるのはそれだけ。電話も浴室もトイレも無い。全部「共用」で、浴室とトイレが各階に1つあるのみ、電話は1Fに一個しかなくて不便この上ない。「洗面台」といっても水道から出るのは冷水だけで、湯は出ない。北の国だけあって、寒気対策は整っていた。暖房はかなり効率のよいスチームが通っており、窓は二重でしっかりしていた。中央ヨーロッパは一般に湿度が低くクーラーは（少なくとも当時）どこにも無かった。絵画入りの額縁などはなく殺風景そのもの。要するにこの建物はもはや観光客用の「ホテル」ではなく、「外国から来たIUSスタッフ専用の宿舎」になっていた訳だ。いずれにしても、これでは不便なので書棚・机・椅子を入れてもらった。

こうして長期に及ぶプラハの生活が始まった。（最後の2年間はマンションに移り住んだ。）近くにはかなり大きな教会が建っており、その周辺一帯はナーメスチ・ミール（平和広場）と呼ばれていた。ここから本部のある「ヴォツェロヴァ街」までは「平和広場」を通って徒歩10

分足らずの距離である。途中は住居が並ぶ風景だが、たまたま食料品店と立ち食い食堂があり、重宝してありがたかった。

プラハを筆頭に、チェコは「ゴチックの宝庫」と呼ばれる。まさにその通りで、プラハにある14～15世紀頃からのゴチック建築は見事なものだ。ところで20世紀にチェコは不思議な、運命的な道のりを経験する。ドイツ・オーストリア・ハンガリー・ポーランドそして一部ソ連と国境を接し、第一次・第二次と二度の世界大戦のど真ん中に位置されながらも、プラハを含めチェコ全体で建物の損傷は事実上皆無なのだ。この点で、ナチ・ドイツの手で壊滅的に破壊されたワルシャワなどポーランドとは極端に明暗を分ける。第一次世界大戦では「東部戦線」にも「西部戦線」にもならず戦火を免れた。第二次世界大戦ではチェコは（スロヴァキアと違い）「連合国側」についたので、ドレスデンのように米英空軍による破壊目的の空爆の対象にもならず、また終戦近く、ソ連軍とユーゴスラヴィア軍の猛追撃を受けたナチ・ドイツ軍は「都市・橋梁破壊」の余裕すらなく、ひたすら全速力で敗走したのである。こうして数世紀にわたる文化遺産が見事に残されて、美しい都市が無傷で生き残った。

チェコはドヴォルジャーク、スメタナ、スーク等の作曲家をはじめ、チェコ・フィルハーモニー（チェコフィル）でもよく知られる「音楽の国」でもある。激しい緊張を要するＩＵＳの政治的活動をつづけながら、一方で、時間を工夫しながら、住所も仕事場もプラハ市のほぼ中

8年間居住したヴィノフラディ（ぶどう園）地区——昔は中産階級の、そのころも閑静な住宅街だった。下の中央が上の教会である。

心にあったので、コンサートにはよく足を運んだ。一般庶民だれでも行ける一流コンサートは（少なくとも当時は）日本のように高価でなく、コンサートやオペラはストレス解消の貴重な機会であった。「本場」のヨーロッパで直接音楽に親しめたのは、緊張緩和の心理面だけでなく、「音楽」そのものにより深く接することにもなり、「音楽の理解」の面でもありがたい貴重な経験になった。（日本帰国後40年間、東京はもちろんのこと、地方にも立派なコンサートホールが続々建築されたが、東京でのコンサートにもオペラにも一度すら行ったことがない。さみしいかぎりである。埼玉県所沢市に住み、都心への往復が容易でないという事情も一因ではあろうが。）

三　自己寸史「学生運動へのかかわり」——原水爆禁止のたたかい

やや突然かもしれないが、ここで僕の自己紹介の一端を記させていただきたいと思う。（本書についてご理解の一助ともなれば、たいへんありがたい。）人間だれが何をするにも、かならず「動機」というものがある。いまお伝えしたいのは、これから展開される僕の活動の動機、そしてその「動機」の「なり立ち」についてである。

◇死の灰——第五福竜丸と久保山愛吉さん

1954（昭和29）年3月1日中部太平洋**ビキニ環礁**東方160キロの海上で米国による水爆実験が強行された。「危険海域」指定外の場所で操業中だった遠洋マグロはえなわ漁船、焼津港所属の「**第五福竜丸**」が水爆で飛んだ〝死の灰〟を浴び、乗組員23名全員が放射能で汚染されヤケドをおった。3月14日帰港したが、まもなく全員「急性放射能症」と診断され、東大病院と国立東京第一病院（現・国立国際医療センター）に入院し治療をうけた。しかしもっとも重症だった久保山愛吉さん（元無線長・当時40歳）がついに同年9月23日死去された。「原水爆被害者は　わたしを　最後にしてほしい」と叫んでいたといわれる（同文の石碑が建てられている）。死因は「肝臓障害を伴う放射能症」。

東大では毎年、緑ゆたかな5月末の2日間「五月祭」のイベントがある。見学・参加自由で、一般市民の方々に大学全体を広く開放して親しみをもってもらい、大学と学問を身近にしてほしい、というのが大まかな趣旨だ。したがって「興味深くて分かりやすく、おもしろい」が決め手となる。明るく、にぎやかなフェスティバルで多くのひとが集まりごったがえす。各学部とも好みでいろいろなグループに分かれ、展示場や売店や小演技場や講演会やダンスもあり…あれこれ工夫をこらす。当然説明にあたる担当がついて質問にも応じてやさしく答える。ことの趣旨からいって「ひと集め」が成功のしるしになる。

ちょうどビキニ水爆の翌年、僕らは教養学部2年間を終え54年4月に進入学したばかり、ホヤホヤの医学部1年生だった。おたがいまだ顔と名前もほとんど初めてというつきあい関係の時期だが、「五月祭に原水爆展をやろう」の呼びかけに10人をこす仲間が集まった。「第五福竜丸」の悲劇、とりわけ久保山さんの死について、放射能の害毒を医学的見地から掘りさげよう

焼津港に帰還した第五福竜丸

被曝マグロの放射能チェック

との発想である。

僕自身も「原水爆展」制作メンバーの一員にくわわった。（このメンバーの結束は固く、55年後の今でもときどき集まって交流している。）なにしろ五月祭まであと1カ月半しかない。文字どおり突貫工事だった。まず「放射能症」の下調べをして、この病気をきちんと理解しなくては話にならない。「第五福竜丸」被害者の一部が東大病院にも入院したので、その治療にあたった先生方からも具体的な臨床症状と経過をとおして教えをうけ、「放射能症」の実態と病理の理解がすこしずつすすんだ。展示場は確保した。しかし肝心な展示物の作成が本番である。まず大きな展示板そして文章・図案・写真…おきまりの工程だ。まったくの手作業。

五月祭は足ばやにやってきた。「原水爆展」はまずまずの成功だった。食い入って展示をみたり、読んでいるひともいた。反応のひとつの特徴は「放射能症」のおそろしさをこえて、「アメリカはなんと野蛮な暴挙を平気でやるんだ」という怒りだった。僕も実感した。医学の大切さと、それをこえて犠牲者の背後にある、国際的な無謀な政治の世界の荒れ放題の現実である。

組織的な原水爆反対運動は広島と長崎の被爆をうけてはじまったのではない。敗戦ですべてがうちくだかれ、荒廃し、混乱した戦後の状況で、できるはずもなかった。「運動」が組織的にはじまったのは「ビキニ水爆実験」の悲劇的な惨禍の体験が直接の引き金になったのだ。「わがくに第三の被爆」ともいわれた。核実験反対・核兵器禁止の世論が燎原の火のごとく全国にもえひろがり、たちまち３２００万人の署名が集められ、はやくもその年（１９５５年）の８月、広島で第１回原水爆禁止世界大会がひらかれた。この運動はその後も絶えることなくつづけられている。

アメリカのオバマ大統領が「核なき世界」のプラハ演説（２００９／４／３）などで２００９年ノーベル平和賞をうけたが、何とその54年前すなわち半世紀以上も前にわが国の千万人単位の民衆は原水爆禁止の旗を高くかかげたのだ。そのかん半世紀にわたり米国はなにをしてきたのか。核兵器の量産につぐ量産だったではないのか。旧ソ連もまったく同罪である。オバマは発言しただけで実行実現の道すじが不明、霧のなかだ。持つだけ持って、他国の開発にブレーキをかけるのがねらいともとれる。いずれにせよ国家の外交まかせでは進まない。世界の民衆の力が結集して国家を突きあげるとき、はじめて真の目標が姿をあらわす。

五月祭の「原水爆展」のささやかな実践活動の体験が、あらためて「世の中」の動きに意識的な目をむけさせた。人間、それぞれ毎日いろいろな日常生活をおくりながら、絶えずある種の「力の支配」をうけている。その人が意識して自覚しているか、いないか、は全く関係ない。この「力」は「政治的」「社会的」等と表現されるが、そうした枠にはめてしまうと実感がとぼしく他人ごとみたいだ。本当は「職場の力」「地域の力」「国の力」「世界の力」などである。

このように書き出しの冒頭に「ビキニ水爆実験」「第五福竜丸と久保山さん」そして「五月祭の原水爆展」をもってきたのは他でもない、それがその後僕の諸活動の〈原点〉になっているからなのだ。医学部学生自治会、医学連（全日本医学生連合）、全学連そして国際学連と歩みをすすめてきたが、その出発点がこの「原水爆禁止運動」だった。国際的な反帝国主義・反植民地主義の闘いをとおしてもこの目的意識は太い軸として微動だにしなかった。反スターリン主義の課題についても同様で〈原点〉に変わりはない。この「原点」に「共産主義」思想が加わって一体化する。これが僕の活動の一貫した主軸である。

◇医学連の活動——そして全学連へ

大学五月祭「原水爆展」の活動は僕にとって貴重でフレッシュな体験となった。それは従事した活動の「内容」とともに「組織」と、その重要さの認識である。〝当たり前〟と言われるかも知れない。でも、それまで「組織の活動」というものに縁のなかった僕のような人間にとっては別次元の不思議な可能性を暗示した。大小さまざまの「組織」によって「個々の人がとり結ばれる」。そしてそれが個々人の単純なタシ算とは次元を異にするある種の「力」となり得る。すなわち独特の動力・エネルギーを「発揮」する。ま、多少キザな表現になるが、ウブな若者が「組織に目覚めた」わけである。

翌年2年生になって、まず医学部学生自治会の委員として動いた。ご存じの方も多いと思うが、医学部医学科は4年コース、その前のジュニア・コース（東大では「教養学部」）と合わせると計「6年コース」となり、他学部とくらべ2年長い。したがって学生自治会も1年生から4年生までの4クラス（各学年1クラス）からの選出委員で構成される。【なお当時は1953年に新設された直後の「衛生看護学科（女子のみ）⇩1965保健学科」の代表も構成メンバーだった。】

今ふりかえると、「セツルメント」に精魂こめた諸君の名前と面々がうかぶ。そういう時代だった。自治会活動の中身は学部内諸件案（カリキュラム、講演会など）もあったが、全学連の一構成メンバーとして、時勢を反映して政治的テーマが比重と密度を増していた。ときには「ミニ国際情勢分析」も提起された。テーマについての説得力には欠かせなかったからである。

自治会の討論・結論を「方針」として広く学友にアピールして理解・納得してもらうために広報活動（当時は「情宣」＝情報宣伝活動とよばれた）に熱が入る。「パソコン」なんてしゃれたものはない。まさに手作り、「ガリ版」印刷で時間もかかる。あの糊状インクの匂いが今でも感じられる。帰りも毎晩遅くなった。終電にあぶない。自宅は東急・東横線「学芸大学」。

2回乗りかえるので一時間はかかる。そうこうしているある日、1年上の遠藤幸孝氏（二〇〇七年逝去）から声がかかった。「医学連の中央執行委員会の予定があるから、一度でてみないか？」と。「医学連？」それまで聞いた覚えがない。あたり前だ。僕ら55年入学直後の五月祭「原水爆展」、その前年に発足したばかりだった。遠藤さんと共に出席した。

「医学連」、正式には「全日本医学生連合」という、全国にわたる医系大学（大学医学部・医科大学）の学生自治会の連合組織である。全学連を構成する「学部別組織」は存在しない。まったく別の、独自の規約をもった、独立した組織体である。とうぜん、医学連自体の歴史がある。終戦の1945年秋ごろから、全国の医系大学で個別的な活動・闘争はさまざま見られたようだ。その内容は多岐にわたるが、「民主化」「軍国主義の責任追及・教授追放」なども主調の一つ。その後「劣悪なインターン制度」をめぐって関東地方での組織化がある程度進んだ時期もあったが「全国化」は遠かった。

「医学連」＝「全日本医学生連合」は1954（昭29）年11月12日結成大会が開かれ、発足した。この日東大医学部一号館に集結したのは（全国総数47校中）次の39校にのぼる医系大学である。

【出席】北大、札幌医、弘前大、岩手医、東北大、福島医、東大、東医歯大、慶大、日大、日医、慈恵医、東邦大、東京医、東女子医、順天大、千葉大、横市大、群馬大、信州大、新潟大、名大、名市医、岐阜大、三重大、京大、京府医、阪大、阪市大、阪医、神戸大、金沢大、和歌山医、岡山大、山口大、九州大、長崎大、熊本大、鹿児島大　（以上）

【欠席】昭和大、阪女子医、鳥取大、広島大、徳島大、久留大、奈良医、高知医　（以上８校）

（注）２０１０年4月現在、医系大学の全体は83校を数える。多数の新設校のほか、統廃合による変化もある［例：阪女子医は関西医に、高知医は高知大に］。また欠席校には自治会未組織校がふくまれる。

この結成大会は11月12・13・14日と３日連続で、２分科会もふくめ熱心な報告と討議がなされ、結成宣言の採択後、「医学連」初代委員長に遠藤幸孝氏を選出して閉幕した。戦後９年３カ月、そして全学連結成から6年たって、やっとこの時に全国の組織化が果たされた要因は何であろうか？

主体的側面では、遠藤さんを中心とする集中的で有能な組織力の発揮。また客観的な背景としては、インターン問題が依然くすぶり続いていた以外にも、やはり同年３月１日のビキニ水爆実験と被曝した久保山愛吉さんの死にたいする怒りが決定的な原動力になった、これは確実である。全国的なそして国際的にも拡大しつつあった「原水爆実験反対」の巨大な〈うねり〉が、医学生をも結集させたといえよう。翌年の僕たちの「五月祭」と同じ波長だ。事実、上述の結成大会分科会では各大学における原水爆反対運動の実状が続々と報告されていた。今にして思えば、その2年後に遠藤さんが僕を医学連の会議に出席させたのは偶然ではなく、この「同じ波長」を感じとっていたのかも知れない。（そのころ遠藤さんは医学連委員長の役を次の人に渡していた。）東大医学部は医学連発足以来、中央執行委員会（中執）のメンバーに選出されていたが、具体的な氏名は医学部自治会にまかせられる。結局僕が医学連中執委員となった。2年生の後半時（1956年）だった。中執会議は毎年2～3回のテンポで開かれたので、その都度出席し、発言・提案したりして、医学連の運営にも段々慣れてきた。そして何よりもすぐれた人材と面識ができ、その人柄と友人付き合いができてうれしかった。東京医科歯科大学の池澤君、京大の今泉君、東邦大の天明君、日医大の松崎君、米島君など、なつかしい顔ぶれがならぶ。雄弁な人、じっくり話す人、等々それぞれの味がある。

その後、これらの友人たちは医療の第一線にたって大切な実績をあげてきて、70歳をとっくに越えた身ながら今なお現役で頑張っている。池澤康郎《ヤスオ》君は中野総合病院の院長を経て、現在は理事長職に就きトップ責任者として医療を先導している。今泉正臣君は遠く鹿児島県鹿屋《カノヤ》市にあるハンセン病療養所（国立療養所星塚敬愛園）の園長として長年尽くしている。星塚敬愛園は1935（昭10）年10月に、当時の「癩《ライ》予防法」によって患者を強制的に隔離する「収容所」として設置された。こうした国立ハンセン病療養所は全国に13か所あり、2000年5月1日現在4565人が在園しており、その時期平均年齢は73・6歳と記録されている。10年後の今現在、高齢化は比例して進み、亡くなられた方も少なくないであろう。ちなみにここ鹿屋の地は、大戦末期特攻隊の出動基地としても知られる。多くの若者がここから飛び立ち、帰らぬ運命をたどった。

鹿児島で日本精神神経学会が開かれた折、星塚敬愛園を訪ね、今泉君の自宅に一泊したことがある。さて、1957年5月に開かれた医学連第4回大会で、池澤君が委員長、石井が書記長の人選が行われた。この池澤―石井の組み合わせ（さしあたり「I―Iコンビ」と名づける）は1958年6月第5回大会でも再選され、僕が1959年2月プラハにとびたった時も「医学連書記長」のままだった。（もちろん、次の第6回大会で「I―Iコンビ」は解消された。）とうぜん、書記長として組織の全機能の中心として責務を背負うわけである。その一環として、記録に残すべきと考える「実績」がある。それは「医学連機関紙の発行」だ。「全日本医学生新聞　№1」が1958・4・8の日付で全国各地の医系大学学生自治会に送付された。そもそも「機関紙の発行」はさきに記した「医学連結成大会」（1954年11月）において、「国際セミナー」の開催とともに「方針」として採択されていたものである。それが3年5カ月の期間「手つかず」になっていたのを「方針の実行」として実現したことになる。タブロイド版4頁を基本構成とした。編集・配布の方針上の責任は中央書記局にある。しかし具体的な取材作業や記事・写真の割り付け（レイアウト）などは編集長にまかせる方が賢明と判断し「編集長」の役職を新設した。そしてあたまの回転が速くて柔軟、人当たりもよくフットワークも申し分ない榎本稔君（東医歯大）にお願いしたところ、即答でＯＫしてもらえた。榎本君はその後精神科の中でも特殊性のあるアルコール依存症の分野で重要な存在となり、成増厚生病院の副院長も兼任され、現在は新大塚「榎本クリニック」理事長として活躍なさっている。「全日本医学生新聞」は順調にすすんだ。円滑なバトンタッチもできずにプラハ常駐となり、すまないと思う。肝心な内容があとまわしになった。「医学連の活動」そのものである。次にその焦点をまとめよう。

僕たちは医学生である以上、その特殊性を大切に活かしていくことを抜きに「医学連」を語ることはできない。僕たちは、各人それぞれの方向を歩んで、「医の道」に入って行き、社会の人々が希望しまた期待する「医」の道を少しでも前向きに切り拓くべきである。僕たち一人ひとりもそうだし、集団としての「われわれ」もそうである。団結の力は「医」の世界でも貴重である。勤務医になっても、開業医になっても、研究者になっても「われわれ」は団結できる。また、団結しよう。「医学連」の活動はその「準備期間」「助走経過」と考えてもいいのではないか。「団結」の訓練もしておく価値があるように思える。したがって、日本の保険制度とくに「国民皆保険」の多面な特徴もみておく必要がある。国内医学セミナーの取り組みもすすめよう。当番校を決めて全国的に協力しよう。またこれは、「医学連結成大会」で示された「国際セミナー」の準備としても役立つだろう。原水爆禁止運動は、僕たちの世代に与えられた試練と受けとめよう。これは人間全体につきつけられた課題である。と同時に、「医の道」を歩むわれわれとしては、専門領域の特殊性もかかった課題ともいえる。1954年3月1日のビキニ水爆実験、第五福竜丸、久保山愛吉さん……僕たちは決して忘れない。1946〜58年の12年間、米国は近接するビキニ環礁とエニウェトク環礁で実に計67回におよぶ核実験を行ったのだ。犯罪的である。英国も同罪だ。1957年5月15日に太平洋上クリスマス島で初の水爆実験を強行した。われわれは心底から抗議する。人間を軽くみるな。

同時にわれわれはソ連、中国の核実験にも目を閉じるつもりはない。全世界で唯一の核被爆国日本の医学生として沈黙は許されない。「きれいな核爆弾」など、どこを探したら「ある」というのだ。

原水爆実験反対の運動にみられるとおり、われわれは「医の道」を忘れることは許されない、と同時に「医の道」に閉じこもることも許されない。われわれは「医学生」である前に、普通の人間であり、一般社会人である。そえゆえに、医学連は絶えず全学連との意思疎通をはかり、可能なかぎり、共同歩調ですすんで行きたい。或る文書に「医学連第五回全国大会、全学連加盟促進等を決議」と書かれてあった。そうした問題が議論されたのは事実である。かなりの切迫感も散見された。要するに「医学連」が「全学連」のなにか「下部機関」みたいになって、「医学連」の特殊性があいまいにされるのを危惧した切迫感である。執行部が主張したのも、あくまで「密接な協力関係」であり、一種の「組織問題」になるのを避ける方向であった。かなり「きわどい」微妙さがみられたのは否定できない。

1958年12月13〜15日、全学連第13回臨時全国大会が開かれた。僕は議長団の一人に指名され、大会は塩川喜信君を次期委員長に選出、僕も全学連中央執行委員会の一委員に選ばれた。その時すでに僕のプラハ行きは内定していたので、また国際学連の加盟組織は全学連（医学連ではなく）であることから、中執委員になることが望ましかったわけだ。こうして僕は医学連、全学連両方の執行部メンバーとなった。実はここには「或る事情」があった。すでに書いたように、1954年の医学連結成大会で「国際セミナー」の開催が「方針」に組みこまれていた。全学連（というより、ブントのトップたち）はこの「国際医学生セミナー」のことを知っていた。遠藤氏あたりから伝えられたのかも知れない。そしてその「セミナー」の日本開催の可能性をさぐっていた。うまく行けば、全学連が協力する形で結果として、国際学連が「国際医学生セミナー」の主催者または援助者の様式をとれば、国際学連からの資金がいく分とも全学連に回ってくるだろう、という打算があった。くり返しになるが、国際学連の加盟組織は全学連であって、医学連ではない。その非メンバーが開催するセミナーなので、国際学連の支援は「全学連経由」という「迂回」が必要となるのだ。

こうして僕のプラハ行きは、はじめから「長期常駐」が想定されていたとは言い切れず、(可能性はちらついていたが)むしろこの「国際医学生セミナー」開催について国際学連との交渉役が前景をなしていた位である。「長期常駐」になったのは他でもない、安保後に全学連が分裂してついに「あと釜」を見つけようもない状態になったからである。「後任者万年不在」という、ヘンな形に「奇形化」した実態なのだ。ある日友人が新聞か雑誌の切り抜きをおくってくれた。うまいマンガが書かれてあり、「ハシゴを外された~失った石井代表」である。僕に同情したのか、皮肉ったのか知らないが、「ありのままの風景」とうけとった。その通りだから仕方ない。(「切り抜き」を大事にしていたつもりだったが、今回見つからなくて残念至極である。)

四　1960年代——世界と日本

◇激動する世界の1960年代

世界全体としても「激動の10年間」だった。挙げ始めると際限ないが、この「10年間」を象徴して特徴づける主な出来事を確認してみよう。当時はいわゆる「冷戦」の只中で東西対立がますます先鋭化・多彩化・多極化していった時代である。順を追ってみよう。

悪名高い「ベルリンの壁」が61年8月13日突如構築される。「冷戦の象徴」ともいわれた怪物なので、すこしくわしく経過をみてみよう。

第二次世界大戦後ドイツは英・米・仏が支配する西ドイツ（西独）とソ連が支配する東ドイツ（東独）に大きく2分される。ベルリン市そのものが東独の中に置かれた「絶海の孤島」で

ベルリンの壁、目下急ピッチで建設中

「完成」

あった(図—1)。さらにこの孤島ベルリンが英・米・仏・ソ領に4分割され、英米仏部分が「西ベルリン」、ソ連領が「東ベルリン」と2分される（図—2）。1961年8月13日の0時、東独は東西ベルリンをむすぶ68の道路すべてを閉鎖し、「有刺鉄線による壁」が06：00にはできあがり東西間の通行は遮断された。さらに道路以外の部分もふくむ全長に「有刺鉄線による壁」が同日13：00までに完成、2日後にはコンクリート壁の突貫工事が開始された。総延長は15㎞にのぼる。東西ベルリンを区別せずに円滑に運行されていたウー・バーン（地下鉄）とエス・バーン（東京のJR電車に相当）も境界で遮断され変則運行に変わった。東独がこの「壁」構築を迫られた理由は主に2点あげられる。

①東独⇩東ベルリン⇩西ベルリン⇩西独への膨大な数の逃亡制止。

②東ベルリン市民が西ベルリンで働くことの制止。通貨として西ベルリン・マルクのほうが東独マルクより高価値だったので、多くの東ベルリン市民が西で働くため、東ベルリンの労働力不足をきたした。こうして、「ベルリンの壁」は旧ソ連・東欧体制の矛盾の象徴だった。

ベトナム戦争はいよいよ激化し、1965年2月7日には米国が北爆を開始する。66年4月にはB—52による初北爆。68年1月には、いわゆる「テト攻勢」が開始され、同年5月には「パリ和平交渉」がもたれたが、戦争の終結は1975年のサイゴン陥落までもちこされた。以下、1960年代をいろどる重大な経過が続々と展開されるが、一括して列挙しておこう。

〈図－１〉　ドイツとベルリンの位置関係

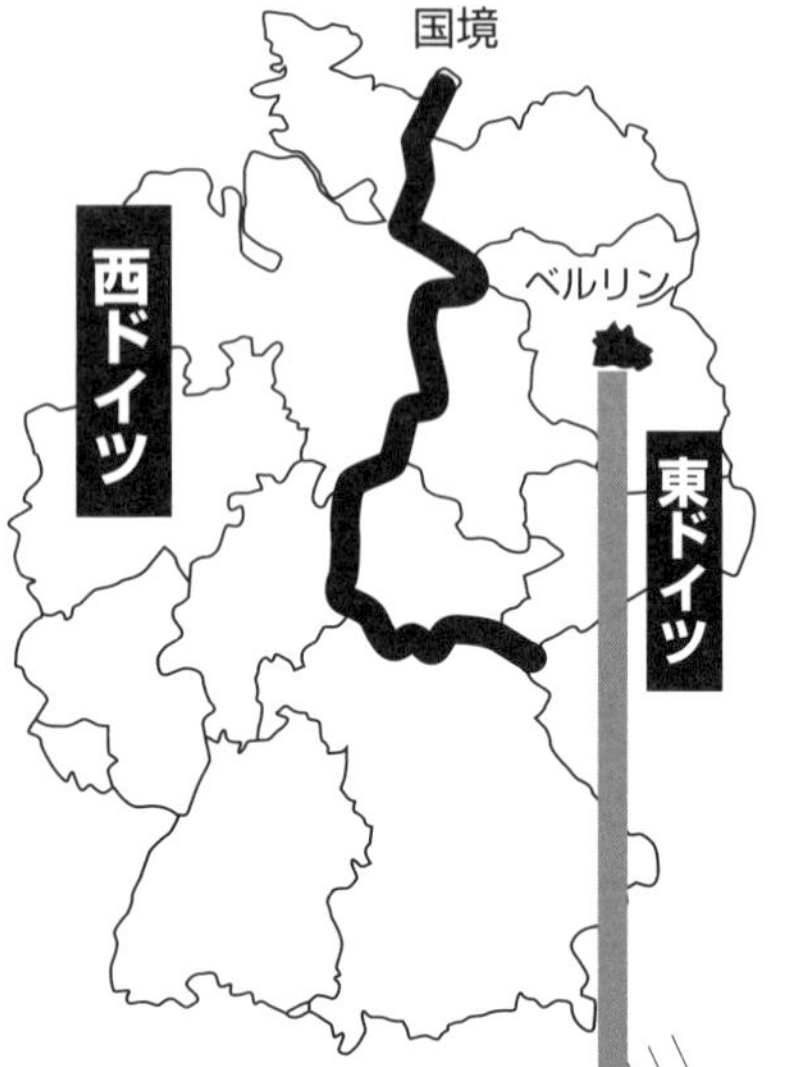

〈図－２〉

ベルリンは東ドイツの中にあり、東西に分断されていました。
そして西ベルリンの周囲を取り囲んでいたのが「壁」です。

１９６２年10月にはキューバへのミサイル搬入をめぐって米国とソ連の対立は「核戦争、すなわち第三次世界大戦」の可能性をふくんだギリギリの極点にまで達した。あの「キューバ危機」である。その主役を演じ、ソ連を妥協させたアメリカのケネディー大統領は翌１９６３年11月に暗殺される。北アフリカで7年間フランスに対して血みどろの独立戦争をたたかったアルジェリアが１９６２年独立を果たす。66年には中国で「文化大革命」が始まり、混乱した権力闘争が展開される。（今の大規模な経済成長の原動力になる「改革・開放」政策の立案者である鄧小平は、「走資派」の頭目の一人とみなされ糾弾の対象となったが辛くも生き延びた。）「１９６８年」は特記すべき年である。西欧ではフランス全土で大規模なゼネストが火を噴き（「5月革命」）、ド・ゴール大統領を辞任に追い込む。他方東欧では8月20〜21日の深夜、ソ連を中心とする延べ50万人におよぶワルシャワ条約機構軍がチェコスロヴァキアに侵攻して軍事制圧した。この国が旧ソ連型に距離をおいた自主的な政治・経済・文化の変革を進めていた（「人間の顔をした社会主義」）ことへの危機感が暴発したのだ。首脳部を拘束し政策を暴力的にねじ曲げた。（とうぜん、僕はその「現場」に居て、一部始終を身近に知ることとなる。）

この愚行は当時のソ連・東欧の自称「社会主義体制」総体の矛盾のあからさまな露呈であり、１９８９〜９１年におけるソ連・東欧の「体制全面崩壊」の確実な「序曲」に他ならない。その意味で、このチェコスロヴァキア軍事制圧は20世紀の歴史で全世界的（グローバル）な重要性を持っている。わが国でもつよい関心がもたれた。この件についてはのちほど別項にまとめてあるので、詳細はそちらにゆずることにしたい。（なお僕自身、雑誌「展望」の1968年10・11月号に〝石川保男〟名でかなりくわしいルポと分析をのせている。ご参照いただければ幸いである。）

◇日本の1960年代――高度成長・繁栄する消費文化

ところで、この1960年代の10年間（ちょうど僕は不在）、わが国の社会情勢はどうだっただろうか。一口で分かりやすく表現すればいわゆる「高度成長」の10年間だった。「花の10年間」というイメージを持つ人も少なくないだろう。本格的なバブル経済と悲惨なバブル崩壊の一歩手前で、池田内閣「所得倍増」のかけ声にあわせ「一億総中流階層化」らしくみえた。カラー・テレビが全国的に普及する。1964年10月1日には念願の東海道新幹線が開通、10月10日には華々しく東京オリンピックが開催される。歌手の分野では石原裕次郎が時代を象徴する元気な大スター、1966年にビートルズ来日。プロ野球では巨人と西鉄が優勝して世間を盛り上げる。まだまだキリがない。まとめていえば、「世界全体の危機と激動をよそに、その〈カヤの外〉で豊かな消費生活を満喫していた時代と特徴づけてよいだろう。

ここで一つの象徴的な事例を紹介しておきたい。１９６２年10月に発生した「キューバ危機」をめぐってである。ヨーロッパでは、西側・東側を問わず、第三次世界大戦勃発の危機を鋭敏に感じ取り、庶民は必死に食料品の買いだめに走った。二つの世界大戦で中心に置かれた凄惨な体験が背景にあり、また冷戦時代、東西の先端的な接触地域に位置していた事実も確実に影響していた。ともかく世界全体の動きに関心度が高く、その変化に敏感なのだ。さらに（英国は別として）ヨーロッパ全体が地続きで、何百年も戦争が絶えず、その都度国境がいじくり回されてきた苦い歴史的外傷体験も無視できない要因と言えよう。僕じしん「買いだめ」は思いもつかなかった。気がついたときは too late, おそすぎた。タマゴは5個しか買えない。しかたない、まず5個買ってまたうしろに並んでもう5個買う、というありさまだった。

さて「キューバ危機」に際してわが国の雰囲気はどうだっただろうか？　あとで聞いたところではニュースとしては高い関心が持たれても、「食料品の買いだめ」などという切迫感と危機感は全く不在だった。むしろ「花の高度成長」の快い消費生活に浸って、「キューバ危機」も対岸の火を「眺める」というノーテンキぶりだったようである。同時にこの「冷戦」とよばれ、世界中を権益追求の舞台としてくりひろげられた東西対立は、「熱い戦争＝Hot War」すなわち「第三次世界（核）大戦」の勃発という最悪の危機も内蔵していた。旧ソ連によるミサイル基地建設をめぐる「キューバ危機」はまさに「間一髪」、きわどい核大戦の瀬戸際にあって、世界のだれにも決してヒトゴトではなかった。（ただしわが国はいささか例外的で、「高度成長」の好景気に浮かれ「ヒトゴト」的なノーテンキぶりで「世界のカヤの外」におかれていたようである。）またわが国の多くのひとたちが一種の懐かしみをこめて賛美する1960年代日本の「花の高度成長」も、元をただせば、二つの激烈で血なまぐさい戦争から得た「戦争特需」を土台にしている。

1950年からの朝鮮戦争と1960〜75年のベトナム戦争である。この「戦争特需」で膨大な資本蓄積がなされ、それが巨大な役割を果たした。おかげで初めて「高度成長」が可能だったという重い背景がある。「冷戦の落とし子」といえよう。何十万人もの流された血の犠牲の上でうまい汁を吸っていたわけだ。だれもここから目をそらす事は許されない。要するに「高度成長」は、その深い所に「血で塗られた原罪」の刻印を背負っている、厳粛な事実なのだ。皮肉な表現で残念だが、「バブル崩壊の悲惨」は「そのツケが回ってきて、報復をうけた」ともいえる。（注：同じ1960年代でも、その終盤で全共闘を中心に展開された「学園闘争」は「大学のあり方」そのものを根本から問う激しく広範な画期的な運動であり、上記とは質が異なり、同列に論ずることはできない。そのころ、西欧でも学園闘争が全面展開された。また一九七〇年安保阻止むにむけた多様な学生諸組織の闘争があったが、「分裂の系譜」があまりにも交錯し整理しきれぬほどだ。一部は「赤軍派のイメージ」

につながって行く。）

先ほど「日本における世間の感覚は世界の〈カヤの外〉ではないか」の主旨で述べたが逆に、かくいう僕自身が「日本での感覚からは〈カヤの外〉」であったことを率直に白状したい。これが正直な所である。僕は１９５９年２月25日に日本から海外に離れ、１９６９年10月７日帰国した。したがって文字通り10年間＋αの期間、日本社会を留守にしていた。そして、まさにこの「不在の10年間」こそがわが国における「高度成長」の最盛期に丁度、ぴったり符合するのである。つまり「僕は高度成長期の日本について無体験・無知」なのだ。

たったの10年間で我が国はそれほど様変わりしており、「高度成長日本ルート」を通っていない僕が戻り帰った日本社会は、10年前離日した時とは全くの別物だった。僕は異邦人というか、今浦島というか…。まず当惑したのが「自動車の多さ」だ。まるでボウフラが涌いた印象だった。僕が医学部在学中に車で来るのは教授クラスの黒塗りの公用車だけだった。ほかに佐々学先生（衛生動物学［寄生虫病など］）が大きなバイクでのりつけていらしたように記憶している。それが…いまは学生諸君も続々自家用車で来る。医学部本館前は車で埋め尽くされている。

次に異様に感じたのは超高層ビルの乱立だ。（調べてみたら、１９６８年の霞ヶ関ビルが我が国での超高層ビル指定№１【１５８ｍ】だった。その後次々ともっと高い企業・ホテル等々が建ちすすめられていく。）「こんなに高くして本当に大丈夫なのかな」という心配が先にたった。ごく日常的な出来事についても「10年間の無知」そのものだ。西鉄ライオンズの稲尾投手の剛速球のエピソードは帰国後よく聞かされたが、試合はテレビでも見たことがない。「巨人・大鵬・卵焼き」と言われてもニュアンスとしてピンとこなくてポカーンとする。万事この調子だった。国内外の感受性の温度差（ギャップ）は社会的レベル・個人的レベルで様々だ。「日本の雰囲気は世界情勢の〈カヤの外〉」「僕はわが日本社会文化の〈カヤの外〉」、これが僕の実感した「高度成長期10年間」である。

五　「冷戦」時代にみる「東側体制」をどう把握するか

東西冷戦の世界のなかで、わが国日本はどっぷり「西側」にくみこまれていた。ここで「冷戦」という言葉はなにか遠くて古い時代のことのように聞こえ、知らないあるいは忘れたひとがいるかもしれないが、つい先ごろまでは毎日毎晩、わが国をふくめ国際的なメディアの最上段に登場しニュースの最大量をしめる主役だった。「冷戦」（冷たい戦争＝Cold War）は米国・旧ソ連の対立関係を中心として20世紀後半、じつに半世紀約50年間にわたり全世界をまるごとのみこむ圧倒的な「キーワード」だった。米国側が「西」そして旧ソ連側が「東」で、世界各国の政権の推移や国際経済から各国予算編成や社会生活のすみずみにいたるまで支配した「東西陣営」の世界覇権を争う対立関係だ。

１９５０年に始まった朝鮮戦争、そして１９６０～７５年のベトナム戦争、１９６２年の「キューバ危機」、膨大な核・宇宙開発等々すべて冷戦の産物に他ならない。さて「東側」は〝共産圏〟とか〝社会主義圏〟などとよばれた圏域で、旧ソ連と東独を加えた旧東欧諸国と中国・

北朝鮮・ベトナム・旧蒙古などがふくまれる。（実態は「疑似社会主義」で、これはつぎに説明しよう。）「西側」は西ヨーロッパや日本の資本主義国家群をさすが、帝国主義的本質がその実態である。東西双方とも核兵器をふくむ猛烈な軍事力拡大に血道をあげ、何千兆円もの費用をぶちこみ、第三次世界大戦さえ危惧される圏域獲得をめざした。その余波も最大の一因で旧ソ連・東欧すなわち「東」の体制は１９８９～９１年に崩壊した。冷戦の象徴的な「ベルリンの壁」の「解体20周年記念」がさる２００９年11月9日おこなわれ「西側の勝利」などとけん伝されたが、「西側」自体もコントロール困難な金融市場の独り歩きで右往左往、「不測の悪魔」の危機をかかえている。

◇旧ソ連・東欧型の政治経済的分析――その「ことはじめ」

「冷戦」について語り、「東側にある国際組織で活動」を書いた以上、ここでどうしても核心的に重要な「用語」の説明が必要になる。やや難渋かもしれないが、この説明がないと本書が何を言っているのか、言いたいのか、わけの分からぬものになりかねない。全体を要約すれば「冷戦の『東側』をどう正確に把握するか」の問題である。これはそのまま旧ソ連型の政治経済的分析につながる。すでに前記の文中で「共産主義者でありながら反『東側体制』思想を堅持しつつ」とか「疑似社会主義」という言葉を使っている。その意味説明にもなる。なるべく分かりやすく、平易にすすめたい。全面的に展開すると最低でも一冊の本になるほど複雑で多様な側面と歴史をもつ問題であるが、本書の性格上とうぜん制約があるので、中核となる本質的部分に焦点をあわせ凝縮させた説明をしていくことにしたい。

いわゆる「左翼」の中には世界的・伝統的に「致命的な無知・誤解」が拡がっており、いまだにそのトンネルから脱しきれていない。そのダメ印の中身は「全社会的な生産手段の国有化（社会化）＝社会主義」という平凡な図式化である。はっきりさせよう。ここでのカギは、生産手段の所有形態だけではなく、それにたいする労働力のあり方をふくめた「〈生産関係〉全体のあり方こそが問題なのである。所有形態は絶対的な「必要条件」であるが、「充分条件」ではない。マルクスも（「経済学批判」序言）言うとおり「所有諸関係は生産諸関係の法的（de jure＝法形式的）表現として再生産される」のであってその逆ではない。ある社会の性格的定義は「所有形態」だけで一義的にあたえられるものではなく、労働力のあり方を含めてはじめて「全生産関係」が現存的に（de facto）歴史的に確立され、その社会の本質を決定づける。法形式の所有関係だけをもってその社会の性格を暴力的に一義化（「社会主義」の呼称）するところに旧ソ連型主義＝スターリン主義の「形而上学的」ペテンがある。しかも世界中の「左翼」

のほとんどが、旧ソ連型すなわちスターリン主義をあれこれ批判しながらも、もっとも核心的根底にあるこのスターリン主義の「ペテン」をみぬけず、反ばくできず、旧ソ連＝「社会主義」という前提にたって議論してしまう。「全人民的所有」などとウソぶいたが、生産手段の運営・管理は共産党官僚体制に独占的に支配・牛耳られ、人民大衆は運営管理に何の権限もなく、切り離されて完全な支配下におかれた。

生産手段が国有化（社会化）された旧ソ連・東欧の社会的システムは、一般的な資本主義的生産様式と異なることはあきらかであるが、そこから直接「だから社会主義」とはいかない。より正確に表現すればこうなる：「『労働力も事実上国有化』して生産手段にくくりつけて一党独裁の共産党が上からの計画経済の一破片・道具とする」という生産関係が根底にあり、まったく反社会主義的・反共産主義的で、とうぜん反人民的なシステムであり、秘密警察国家でもある。労働者階級に敵対する党官僚階級が生産手段と労働力を国有化して支配・監視・管理するという、独特な階級社会が形成された。

新しがり屋の学者さんたちはこぞってこの支配階級についてヨコ文字の「ノメンクラトゥラ」(Nomenklatura) という語を使いたがる。かつて旧ソ連から西独に亡命したミハイル・ヴォスレンスキーの著書『ノメンクラトゥラ：ソ連の支配階級』に刺激されて広がった、その流行語のマネをしているようにもみえる。ヴォスレンスキーが展開する中身と「ノメンクラトゥラ」

範疇そのものは旧ソ連体制についてかなり核心をついており、一定の説得力をもつ。正確に使用するかぎり、「ノメンクラトゥラ」は有用な用語である。要するに「ノメンクラトゥラ」とは「支配体制に寄生的な党官僚階級にほかならず、それが社会の全面多岐な広範な分野に広がって支配しているのを強調しているのであって、なにか「党官僚階級支配」とは〈別もの〉として「ノメンクラトゥラ支配」みたいなイメージづくりをすると脱線する。ことの本質をいんぺいし根本からはずれる。その意味で危険ともいえる。「〈別もの〉ではない」のだ。ヴォスレンスキー自身「私も25年間にわたりノメンクラトゥラの政治機関に籍をおいていた」と述べている位である。

【原書がドイツ語で本のタイトルNomenklaturaはラテン語のnomenclaturaをドイツ語よみにしたものである。（ラテン語の源意は単純に「リスト・名簿・カタログ」。ヴォレンスキーはこれをもじって旧ソ連の現状描写にこの「新語」をあてはめたのである。つまり社会の全分野（政治・工業・商業・教育・医療・農業・漁業・交通・・等々の責任部署を共産党の約70万人（１７００万党員の４％でしかない）が「特権階級＝エリート中のエリート」として牛耳り・支配する。この全社会的分野の各部署を「巨大・詳細な一覧表」にリスト・アップして旧ソ連の「階級的」全貌をあきらかにすることを試みた。こうした「全面的リスト・アップ」をnomenclatura（リスト）の一語であらわした著書と考えられる。イメージとして例えれば、新聞の上場株式名簿一覧（これも英語で〝List〟という）みたいなものだ。

もちろん管理部署の数は上場株式名簿とはケタちがいで、数十万に達する。僕流に表現すれば「ノメンクラトゥラが旧ソ連社会全体の有利な〈毛穴〉をすべてふさいでいる。」ということになる。いずれにしても党官僚階級支配の具体的描写である。一方肝心な旧ソ連の生産関係についてはきわめて中途半端にしかふれていない。また別に、nomenclaturaの根源としてレーニンをスターリンとほぼ同列に論じているのは納得できない。革命期レーニンが設定した役割とその用語が、平時のスターリンによって変質・悪用されるようになった部分があるのは事実だが。】

スターリンを頂点とした党官僚階級支配が、発足したばかりの社会主義的体制を暴力的に奇形化・変質させ換骨奪胎した「自称社会主義」「エセ社会主義」なのだ。とうぜん崩壊する運命にあった。

こうした歴史的な道のりを僕なりに検証・分析した結果として僕の立場は「共産主義者でありながら『反東側体制』思想を堅持し」となる。上記の独特な「エセ社会主義」にについてはいまだに定着した適切な呼称がなく、レーニン亡きあと、「一国社会主義」の枠内で独裁的なスターリンによって残酷無比に体系的に完成され、ひきつがれた動かぬ歴史があり、さしあたり「スターリン主義」の呼称が比較的に普遍な妥当性をもつ。しかし、ある社会・思想システムに人物の固有名詞をつける（たとえばファッシズムを「ヒトラー主義」と呼ぶ）のは好まず、ときには正確さを欠き、情緒的ニュアンスに誤解されうる。また「反スタ」は特定の党派を意味しかねない。ゆえに当面ここでは「旧ソ連型」とか「旧ソ連・東欧レジーム」の用語も用いるが、基本的には「スターリン主義的」「スターリニスト体制」を意味する。「エセ社会主義」だけでは一般論になってしまい、特定の時代的実態が浮き彫りにされない。(使われている「退廃した（degenerated）労働者国家」「国家資本主義」等々の呼称はまったく的はずれなので、僕はこれらを排除する。）かれらは旧ソ連・東欧の現実を知らないのだ。

冷戦時代の東西対立についても東側は「『旧ソ連・東欧レジーム』対『帝国主義体制』」を、しきりに「『社会主義体制』対『帝国主義体制』」と呼んでいたが、ほんとうの中身は「『旧ソ連型体制』対『資本帝国主義体制』」の国家レベルの対立だった。双方の世界覇権をめぐる利害が激突したのである。その意味では比喩的に（あくまでも「ヒユ的に」）「たがいに異質な帝国主義的パワーの対立」とイメージしても大きな間違いではないといえる。ただここでお粗末でやっかいなのは、資本帝国主義陣営側も「真の社会主義」と「スターリン主義」との区別がつかず、覇権争いの敵側であり、またそれが異なる社会・経済システム体制なので「旧ソ連・東欧レジーム」を「共産圏」「社会主義圏」などと呼びつづけていたことである。

そのため世界中の民衆も強力なマス・メディヤの認識不足に影響されて広く「東側」を「社

会主義体制」と間違ってイメージさせられた。そして「旧ソ連・東欧レジームの崩壊」を「社会主義体制の崩壊」であるかのようにすり替えられた。これは今でも、一般市民・知識人・マスコミの広汎にわたって、尾をひいている。ことの真相は「旧ソ連型体制すなわちスターリン主義体制の崩壊」だったのだ。この区別は峻別を要し、いささかの混同も許されない。ただしかしここで言えることは、いかに本物の資本帝国主義が社会主義・共産主義を恐怖にしていることか、である。権益争い・国家レベルの「エセ・疑似社会主義」ですら覇権掌握上の相手側なので「共産圏」呼ばわりして敵対視した。本物の社会主義・共産主義は旧ソ連型パワーほどなまぬるくない。「体制対体制」という「国家対国家」の対立なら妥協もできる、グルにもなれる（テヘラン会談・ヤルタ会談をみよ）。しかしながら、ある国内の人民大衆による「革命」となるとそうは行かない。資本帝国主義が根本的に恐れるのはこれだ。かれらはこの本物の「社会主義・共産主義革命」に超敏感である。

わが国の「新左翼勢力」についても、旧ソ連型すなわちスターリン主義的体制の政治経済的分析については、まったくの未熟段階で、事実上「手つかず」の状態である。この作業から旧ソ連型・スターリニズムの脱線経路をつきとめ、具体的な「教訓」を学びとる、この丹念な積み重ねなしに手抜きをすれば「実現すべき共産主義的共同体の社会像」とその過程を画くことは絶対にできない。旧ソ連型の二の舞に陥る可能性すら排除し得ないのだ。まして「正当な実践」は論外となる。

例えば、ソ連の経済学者プレオブラジェンスキーが提起した「社会主義的原始蓄積」をどう評価し、途方もなくひどい経済的格差をかかえる現代世界にどう位置づけられるかの問題がある。（スターリンはプレオブラジェンスキーの理論をほとんどそのまま実行に移して工業化を強行する一方で、プレオブラジェンスキーを反逆者として1937年粛清抹殺した。）現段階において「新左翼勢力」「実現すべき世界社会像」については「理念」にとどまり、「どういう過渡期を経て、どういう全世界的な生産力のレベルと地域的な格差の有無で、どういう社会・経済構造を構築して、「世界共同体における、各構成員が能力に応じて労働し、必要に応じて分配を受ける」内容となれるか（共産主義共同体の実現）、そこではどのような「生産手段と労働力の関係」を構築するのか、…等々何も展開されていない。「私有財産的生産手段の撤廃と共有財産制の実現」のスローガンだけでは、旧ソ連型すなわちスターリン主義と五十歩百歩である。

また、現「新左翼諸勢力」はその世界共同体の実現に至る根本的で具体的な戦略と戦術の構想については全くの「白紙」のままである。スターリン主義の根本をなす「一国社会主義」を否定するのは正しいが、これに対していくら「世界革命」を唱えても、その実現にむけての具体的な戦略と戦術、そしてその実践なしには「空文句」、思想的ユートピアでしかない。「国際的組織網」なしには一歩の実践的前進もあり得ないのだが、そうした「国際的組織網」の組織化は文字通り「手つかず」で、また言語能力もほとんど無力のままである。もちろん革命的闘争である以上まず目の前の敵、日米帝国主義に対するたたかいが大前提で、第一の任務である。これは「新左翼諸勢力」が濃淡さまざまなたたかいを進めている。同時に、「綱領」の形でも「目指す共同体社会」の姿を示すことが必要であろう。（すでに公にしている流派があれば教えてほしい。）

レーニンは1917年のロシア革命を前にして、多忙をきわめる中で「国家論」を書き上げていた。内容について意見もあろうかと思うが、ともかく「書いた」のである。「新左翼諸勢力」は各々どのような「国家論」が書けるだろうか。書く以上は「旧ソ連型体制の政治・経済・社会論」を素通りできない。その緻密な分析が不可欠である。ひじょうに困難な、高度な情報集積と分析の能力がもとめられる。再度レーニンを引き合いに出すならば、時代的世界情勢の分析として、「帝国主義論」の「現代版」（現代的タイトル）なしには「世界革命」を口にする資格はない。ここでは「現代の資本帝国主義」「崩壊した旧ソ連・東欧諸国の現代」「旧ソ連型の変形諸国（中国・北朝鮮・ベトナム・キューバ等）すべてをふくめた、文字通り「グローバルな包括的分析」が求められる。いっきに「完成」するのが困難とすれば（確実に困難である）、

「完成」に向けての方法論なり、優先順位の立案なりを、「下準備」として構想を固めねばならない。「必要なデータ」の選択と収集も不可欠である。ここでもまた「崩壊した旧ソ連型体制」の分析もふくめないと「完成」の見通しも立たない。全体として途方もない包括的な作業となるが、避けられない。しかも「眼前の敵」とたたかうことを大前提とした作業なのである。

第Ⅱ部
国際学連書記局（プラハ）を舞台に

チェコの地図

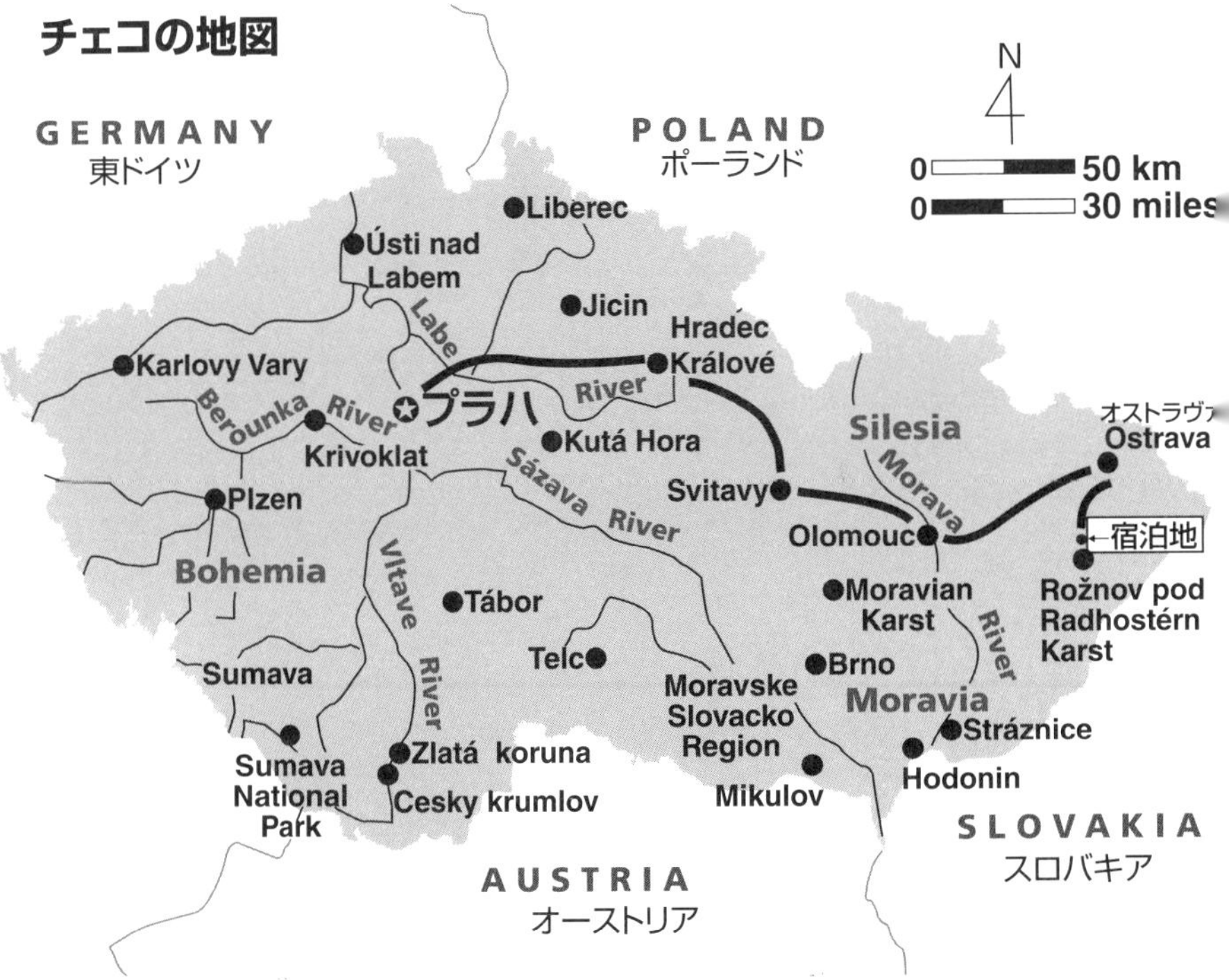
GERMANY
東ドイツ
POLAND
ポーランド
N
0 50 km
0 30 miles
Liberec
Ústi nad Labem
Jicin
Labe
Hradec Králové
Karlovy Vary
Berounka River
River
プラハ
Krivoklat
Kutá Hora
Silesia
オストラヴァ
Ostrava
Sázava River
Moravia
Svitavy
Plzen
Olomouc
宿泊地
Bohemia
Vltave River
Moravian Karst
Rožnov pod Radhostérn Karst
Tábor
River
Telc
Brno
Sumava
Moravske Slovacko Region
Moravia
Stráznice
Sumava National Park
Zlatá koruna
Cesky krumlov
Mikulov
Hodonin
SLOVAKIA
スロバキア
AUSTRIA
オーストリア

一　国際学連（ＩＵＳ）について

◇1939年11月17日　プラハ・9名処刑の反ナチ学生運動

ＩＵＳ（International Union of Students「国際学生連合」⇩「国際学連」）の本部は１９４６年８月の創立当初からプラハである。これは第二次世界大戦初期の１９３９年11月17日、ナチスによる占領と圧政に抵抗して立ち上がったプラハ大学学生の果敢な街頭デモ（結果として９名処刑、１２００名以上強制収容所へ）の果敢な断行を記念しての決定である。

この１９３９・11・17についてもうすこし丁寧な説明をしておこう。この事実は第２次世界大戦史にものこる画期的なできごとだったからである。１９３８年３月13日ナチス・ドイツはオーストリアへの無血侵攻をはたし、オーストリアはドイツの一部である「オストマルク州」に格下げされ、完全にドイツに併合された。１９３８年９月末有名な「ミュンヒェン会談」が開かれた。これはチェコスロヴァキアの北部を主とし、当時チェコスロヴァキア総人口の28％をしめるとされたドイツ人の密集地帯で、また国の重工業が集中するいわゆる「ズデーテン地方」の帰属問題を議題とするものであった。イタリア・ファシストの首脳ムッソリーニがアレンジしたものでドイツのヒトラーのほか英国チェンバレン首相と仏国ダラディエ首相が参加した。しかし英仏両首相はヒトラーの「世界戦争も辞さない」というおどしに屈し、またナチストイツのホコ先がソ連に向けられることを期待して、「ズデーテン地方のドイツへの割譲」に同意してしまった。（小国を「生けにえにして、みずからの安全を優先させる大国のヤリ口である。）つぎにヒトラーはオーストリアと国境を接するスロヴァキアに目をつけスロヴァキア民族主義をあおるなどの手口で１９３９年3月14日チェコからの離反をしめすスロヴァキア独立宣言を発せさせ、チェコスロヴァキア「第一共和国」は解体した。その翌日3月15日ドイツ軍はチェコ領内にも侵攻して占領下におき「ドイツの保護領」とした。１９３９年9月1日チェコ領を完全にドイツ領としチェコは地図上から消滅した。ナチ・ドイツ軍がポーランド攻撃を開始し第2次世界大戦がぼっ発した、まさに「同じ日」である。

１９３９年11月17日はこうした情勢のなかで起こった。10月28日は「建国記念日」であった。第1次世界大戦がおわって１９１８年のこの日チェコスロヴァキアがハプスブルグの支配から脱して一つの国家として誕生したのである。それから数えて21年目の１９３９年10月28日プラ

ヤン・オプレタル

ハ（カレル）大学の学生たちは、医学部を中心として、街にでて建国記念日を祝ったが、どうじにこれは反ナチのデモと化した。そこでナチ勢力は武力でデモ弾圧にのりだし、その発砲を腹部にうけて19歳の医学生ヤン・オプレタル君（Jan Opletal）が倒れ11月11日病院で死去した。11月15日彼の告別式がおこなわれたが、そこに参列した数千人にのぼる学生たちは怒りにふるえ、やがてふたたび反ナチ・抗議の大規模デモとして展開された。

驚愕したナチ当局はもちまえの残虐性をむきだしにして、裁判さえもなしに翌々日の１９３９年11月17日、９名（うち1名は準教授）を処刑し、１２００名以上を強制収容所にぶちこんだ。まさに「問答無用」の即決だ。さらにくわえて、国中の大学など、すべての高等教育の学校が閉鎖されたのである。なお、いまでもひろくチェコの国中多くの市町村で彼の名にちなんだ街路名（「Jan Opletal通り」）がのこされている。またＩＵＳは毎年11月17日を「国際学生の日（International Student' Day）とさだめ、世界諸国でさまざまなイベントを企画・施行してきた。記念すべき日である。

◇国際学連の分裂（1956年　ハンガリー蜂起をめぐって）——冷戦の「学生版」

日本の全学連（全日本学生自治会総連合）は1948年（昭23）9月に結成され、翌1949年国際学連に加盟している。IUSはもともと反ナチの精神で団結・結成された組織で、英国の学生連盟などが強いリーダーシップを発揮して作られた、ヨーロッパ各国の学生組織を中心とするものであった。第二次世界大戦直後で、その後の東西対立（いわゆる「冷戦」）はまだ表面化しておらず「反ナチ」が主導的理念であった。ところが1956年「ハンガリー蜂起」が発生して、厖大な数の人命がソ連軍の暴虐の犠牲になって奪われた。これに対する抗議を強力に求める「西側」諸国の学生組織と、それに応じない「東側」グループが鋭く対立し、遂に「西側」グループは「東側」のチェコスロヴァキアのプラハに本部を置くIUSから脱退し、IUSは東西真っ二つに分裂。「西側」はISC（International Student Conference）に移行した。以来IUSとISCは、「東西冷戦」の図式そのままに、猛烈な対立・競争を繰り広げる。これには国家的な「後ろ盾」もあり、IUSにはソ連・チェコスロヴァキアを中心に「東側」政府の国家予算からの援助があり、一方ISCには米国CIAが資金を供給する有様だった。いわば「学生版代理戦争」だ。日本全学連はISCに加盟する理由はなく、また同時に「ハンガリー蜂起」に関して組織としては無批判のままIUSに居残った（若い世代は「ハンガリー蜂起」といっても、ピンと来ないかも知れない。若干説明しておこう。）。

※「ハンガリー蜂起」について：第二次世界大戦後旧ソ連の支配下にあったハンガリーで、主に経済的困窮にたいする不満からハンガリー民衆が抗議に立ち上がった。これにたいして旧ソ連は武力で鎮圧、多数の犠牲者を出した。「ハンガリー事件・動乱」などとも呼ばれるが、現在のハンガリーでは公式に「ハンガリー革命」と呼称されている。本書では「ハンガリー蜂起」とする。経過の概要はつぎのとおりである：　ハンガリーは大戦中ナチ・ドイツ側についたので、戦後旧ソ連から法外な賠償金を課せられ、さらに「合弁会社」という植民地的企業形態により旧ソ連に搾取しつくされた。これが経済的困窮の、そもそもの本源である。1950年代すでに抗議運動は発生していたが、旧ソ連スターリンに忠実だったラーコシ・マーチャーシュによって弾圧された。

1956年2月24日旧ソ連共産党第20回大会でフルシチョフによる「スターリン批判」がおこなわれ、ハンガリー人民はある種の希望をいだいた。旧ソ連の圧力でラーコシは勤労者党（共産党）書記長を辞任したが、後任には何とスターリン主義者のゲレー・エルネーが選出された。これに激怒したハンガリー人民が大規模な抗議に蜂起した。頂点は1956年10月23日である。これにたいし旧ソ連フルシチョフは戦車をふくむ軍事力を送り込み第1次制圧がおこなわれる。しかしゲレーは蜂起にたいする不適切な対応を旧ソ連からとがめられ、10月25日カーダール・ヤーニシュに代わる。一方首相も代えられ10月14日穏健で人民から信頼されていた前首相ナジ・イムレが就任、ソ連軍も撤退して平穏が回復した。ところが10月25日ナジが戒厳令を解除し、民衆が政府に「ワルシャワ条約機構からの脱退」を迫ったことにより秘密警察隊との流血の衝突が発生し、11月4日第2次ソ連軍侵攻が暴発する（戦車２５００両、歩兵部隊15万人）。労働者、学生そして一部のハンガリー軍も加わってはげしく抵抗し、それをソ連軍は容赦なく弾圧した。血みどろの乱戦は11月10日の休戦までつづいた。犠牲者は多く、ハンガリー側では死者約１７０００人（カーダールによる処刑およそ１２００人をふくむ）、ソ連側も１９００人の死者を出したことからも、衝突の激しさがうかがえる。ナジはルーマニアに連行され、１９５８年6月16日絞首刑で命を絶たれた。旧ソ連軍による人民虐殺は、「西側」からの非難だけでなく、諸国の共産党員にも深いショックをあたえたが、日本共産党は「反革命鎮圧のためのソ連軍介入」として人民弾圧を賛美した。

こうして国際学連は東西両極に割れて分裂した。結果として西側のいわゆる「先進国」の中で国際学連に残ったのは日本全学連ただ一つとなった。皮肉なことだが、そのため国際学連における日本全学連の発言権は圧倒的に強まった。（のちほどくわしく述べよう。）

◇国際学連の具体的な活動内容

長期間にわたってたずさわってきた国際学連本部書記局での仕事は、分り易く整理すると、大きく三つの領域に分けられる。

①書記局における日常業務活動；
②書記局員としての海外活動；
③日本からＩＵＳの大会・中央執行委員会などに派遣された日本全学連代表に合流し、その一員としての活動。

①ＩＵＳ「本部書記局」での日常業務活動

【書記局には、中心に「定例書記局会議」がある。常時参加する常任メンバー（正メンバー）と、議題によって出席する非常任メンバー、招かれた客員メンバーが居る。日本全学連は以前から国際学連副委員長のポストについていたので自動的に書記局の「正メンバー」で、書記局会議の議決権を持つ常任構成員であった。更にまたこの「書記局会議」とは別に、厖大な国際的文書を翻訳・出版・整理する、かなり大人数の「事務局」がある。事務局の構成は大部分がチェコ人であるが、他に米国人・英国人・アラブ人・フランス人・ラテンアメリカの人もふくまれていた。ＩＵＳ書記局会議の公式言語は英語であるが、大会・中央執行委員会など各国代表が集まる大規模な会議では英語・フランス語・アラブ語・スペイン語が公式言語として採用され、同時通訳された。学生版「ミニ国連」の仕組みである。】

「本部書記局」はＩＵＳの中枢機関で、4階建のビルで毎日作業している。この書記局は：《国際情勢の分析、学生運動関係の各種情報の収集・分析・発信、そして各国学生組織の大会・集会への代表派遣とその報告書と内容検討、世界各地で開催される国際学連の定期大会、中央執行委員会の組織化と方針決議文草案の作成、ＰＲ用のブックレット・ポスター・パンフレットの刊行等々》を一手に担う、文字通り国際学連の組織的心臓部である。

北朝鮮代表は当初英語が不得手、かなり年上で日本語をそれなりに話す人だったため、かなり長い間石井が部分的に通訳を代行していた。気さくで不思議に話しやすい人で、朝鮮戦争の実話などをよく話してくれた（南朝鮮の釜山あたりまで攻め入ったが、仁川上陸ではじまった米軍の反撃にあって北部本隊から分断され命からがらの危ない目にあったこと、中国の武器がいかに時代遅れの物であったかなど）。一番親しく付き合ったのはセネガルのアウ君だった。

あの「パリ・ダカール」のレースで有名なダカール大学出身の有能な青年だ。元々フランスの植民地だったためフランス語は流暢で、また英語もチェコ語も堪能だった。肌の黒さが自慢で「同じアフリカでも黒さが違う。北や東アフリカの一部は本当の黒じゃない。セネガルなど南西アフリカの黒こそ本物で、あまり黒いので青光りする」と。また「セネガルは基本的にイスラム教、コーランがアラブ語で読まれるので、カトリックがラテン語で聖書を読むのと同じこと、何も変らない」とも言っていた。さて、ソ連代表オボロトフ君との交流は意味深い。

私がIUS本部のデスクで「コミンテルン文書」の英語版【THE COMMUNIST INTERNATIONAL DOCUMENTS 1919—1943　OXFORD UNIVERSITY PRESS】を読んでいると、その書物に興味を示し「ぜひ貸してほしい」と言うので1冊を手渡した。2週間ほどして「ありがとう」と礼を述べながら「驚いた。知らないことが多すぎることが分った。今まで教わっていた内容と歴史的事実が食い違っている部分も沢山ある」と。よほど集中して読んだらしく、ため息をついていた。こうしてソヴィエト連邦の推移について、色々意見を交わすことになった。こちらからは、第一次五カ年計画の部分に一つの焦点を合わせた。スターリン主義的生産関係（前述）が全社会的に根を張り始めた時期だったからである。彼はソ連史について、どこか悩むようにみえることがあった。こうしたやりとりも私なりに考えた「反スターリン主義」活動の一部である。色々な会話を通して、ソ連・東欧の社会的矛盾について彼らなりに「思い当たるフシ」をかかえていたのは確実であった。ＩＵＳ内は比較的自由な雰囲気であり、個人的な意見交換は全く問題なくできた。（中国は別である。）

ここで重要な側面に触れておこう。ソ連・東欧諸国代表は当然「上部組織」からの指示・指令で動いている。しかしＩＵＳは国際的な「学生の大衆組織とその運動」と連携しているので、各国学生層の動きは一般社会とくに政府レベルの動向よりもシャープで、その流れは国際情勢の変動を反映して敏感であり、しばしば「上部組織」より敏速な対応を迫られる。ここで世界の学生運動に反響される現実的で流動的な世界情勢と、「上部組織」の硬直化して一面的な状況認識・判断との間にある種の乖離が生ずる。学生運動の方が、政府機関よりも生々しい真実を伝えることが多い。

そこでＩＵＳの方針はソ連・東欧・中国などの「上部機関＝支配政党＝政府」と、見解やニュアンスで差異が発生することは必ずしも珍しいことではなかった。ＩＵＳはあくまで「大衆組織」の立場を優先させねばならない。対立的な国際的学生組織で、米国ＣＩＡから資金提供をうけていたＩＳＣとの勝負もある（学生版冷戦）。国際学連加盟組織全体の中でも、日本全学連は当時「学生の大衆運動」の規模と活発さにおいて群を抜いていた。ソ連・東欧・中国・北朝鮮などは皆無で、あってもそれはむしろ弾圧の対象になる(天安門事件をみよ)。かえってフランス・イギリス・西ドイツ・米国（特にベトナム戦争反対と公民権運動・教育改革）・韓国それに北欧諸国などでは1960年代にはそれぞれ目ざましい大衆的な学生運動が展開されていたが、それらの国の学生組織はIUSの組織外・影響外であった。このようなIUSの置かれている立場から、必然的に、次のような現象が生まれてきていた。

(a)東欧代表のなかで「反・非スターリン主義的思想の萌芽。典型的なのが、チェコ出身2人の国際学連委員長である。1968年ソ連等ワルシャワ条約機構軍の侵略に真正面から抵抗し、一人は逮捕・監禁され、一人は国籍剥奪までされた。もちろん2人ともチェコスロヴァキア共産党員で、党そのものがソ連とは異なる路線を歩み始めたので、「上部組織との乖離」とは異なるが、国営ビデオ会長をつとめ、軍事占領下における第十四回党大会の基調報告者をつとめた元IUS委員長ペリカーン氏が党にあたえた影響も過小に評価できない。他にも、さきに述べたソ連代表オボロトフ君のような例がみられた。

(b)1960年代における、西ヨーロッパと米国そして韓国における学生運動　の歴史的な高揚と、それに関与を持てないIUS。この状況に関するIUSの無力感と焦り。これは第一にハンガリー事件へのIUSの対応のツケがまわってきた報いである。第二にIUSは伝統的に(冷戦時代を反映して)「発展途上国　＝　アフリカ・中東・東南アジア・ラテンアメリカへのアプローチに最大の力点を置いてきたことの反映だ。「反帝国主義・反植民地主義」

というＩＵＳのトップ・スローガンが何よりも如実にこのことを語っている。このスローガンの文字そのものは正当であるが、一方これは西欧・北米への足がかりを失っていた実状の反映でもあった。このことは「冷戦」時代のソ連・東欧諸国の政府が、世界権益覇権をめざし競って「発展途上国」との関わりに大きな重点を置いていたことと平行する。

(c)先にも述べたとおり、日本全学連は全くの例外で、ハンガリー蜂起について、旧ソ連への「抗議決議」に賛成しなかった。ＩＵＳ執行部を見限りＩＵＳから脱退した西欧諸国の学生組織とは異なり、ＩＳＣの軍門に下らずＩＵＳに残ったいわゆる「先進諸国」の中で唯一のメンバー組織であった。さらにまたＩＵＳの加盟組織全体の中でも学生の大衆運動が持続的に展開されてきた国は他になく、その点でも日本全学連は突出した例外的な唯一の組織であった。こうして全学連はＩＵＳにとっての「キリ札」、貴重な「おもて看板」でありつづけた。そしてこれがＩＵＳ内で全学連の発言権を比類なく強固なものにした。僕の立場もここに立脚していた。

②海外活動。

これにはＩＵＳ代表としての各国学生組織の大会などへの参加とその接触を通しての連帯・方針の組織化　◎ＩＵＳの大会・中央執行委員会の海外開催＝その決議草案の作成、会議に集まった諸組織との接触・連帯。これには「IUS代表」としての連帯と「日本全学連代表」としての接触強化活動とが同時並行して展開される。◎（これらとは別に）プラハを拠点に独自の思想的内容での（IUSとは一線を画した）僕自身の国外個別的活動が行われた。

これらの目的で僕が訪れた国々は実に多数・多彩にのぼり、ヨーロッパ諸国【東西ドイツ・フランス・英国・アイルランド・ベルギー・オーストリア・スイス・イタリア・ギリシャ・スエーデン・フィンランド・ポーランド・ハンガリー・ユーゴスラビア・ブルガリア等々】をはじめとして、旧ソ連（一般的にロシアは「ヨーロッパ」から外されて分類される）、アフリカ【エジプト・テュニス・アルジェリア・セネガル・ナイジェリア】、中東【イラク・ヨルダン】、ラテンアメリカ【キューバ】、アジア【中国・インドネシア・蒙古】にわたる。当然ケースによって回数も様々である。キューバは3回になる。めずらしい所ではキプロスとかパレスチナのガザ地区などがふくまれる。ヨーロッパ諸国は地理的に狭く驚くほど国々がギッシリ接近しており、プラハからパリまでは、ドイツを経由して列車でもその日に着いてしまう。したがってフランスへの回数は数え切れない。意外に行っていないのはスペイン、トルコなどである。

二　1968年8月20日　チェコスロヴァキアの軍事制圧の現場

◇その日

僕はモラヴィア地方のフレンシュタート・ポド・ラドホシチェムという、長い名前の小さな田舎町にいた。チェコスロヴァキア（当時）の首都プラハから400キロ以上の距離がある。今は真夏であるが中部ヨーロッパは湿度が低く、しかも山あいの地なのでさわやかな空気を感ずる。質素なホテルの2階で目を覚ますとなにか奇異な雰囲気だ。階下で陰気くさいメロディが流れている。国の要人が死去のとき使われる、いわば葬送曲だ。どうもおかしい。大統領の死去でもあったのか？　それとも……。下に降りて行く。

ここでプライベートな件をはさんでおこう。その方が心理的・感情的な面もふくめて、もののごとがよりほんとうの切迫感や現実感をもって伝わるかもしれないと考えたらからである。そもそもその頃なぜ上記の田舎町にいたのか？　実は10日前の8月10日僕はチェコ人の女性と結婚した。僕はプラハで優秀なアイスランド人ヨハン・アールナソン君と知り合った。留学生としてチェコに在留していた。彼は突出した記憶力と理解力のもちぬしで、母国語のほか英語・独語・仏語・伊語を読み、書き、話した。会話はデンマーク語・ロシア語で可能だった。ドイツのフランクフルト大学にも在籍しそこで哲学博士号を取得。その後かれの専門は哲学と社会学になり、その論文が国際的にも高く評価され、ドイツのマックス・プランク研究所（シュタルンベルク）、パリの社会科学高等教育学校の客員教授を経て、オーストラリアに招かれメルボルン郊外にあるラ・トローブ（La Trobe）大学社会学教授を30年間以上つとめ、英語とドイツ語で膨大な数の著書を出版している。日本にも度々まねかれて日本近代史を研究し、小さい英文字で５００ページをこえる大著〝SOCIAL THEORY AND JAPANESE EXPERIENCE- The dual civilization〟（『社会理論と日本の経験―二重文明』）を出版している。そのアールナソン君がチェコ人女性マリエさんと結婚した。

その結婚式に僕もまねかれて出席し、そこでマリエさんの妹ヤナさんと知りあい、交際をつづけて結婚にいたる。（アールナソン君夫妻が来日する折にはわが家に泊まる習慣になっている。）要するに「多忙で遅れた新婚旅行」として3泊予定でフレンシュタート・ポド・ラドホ

著者近影。妻・弥那（ヤナ、Jana）さん、娘・優奈（ヤサナ）さんと、多摩湖に隣接した狭山公園にお花見に行く。

シチェムに来ていたわけである。こうして3泊旅行の2日目、われわれは2000両以上の戦車をともなう完全武装十万単位の兵士というヒドイ「ひん客」を迎えることになった。「鮮明な記念」として記憶を共有している。

さて、ホールにあるテレビの画像に目を注ぐ。何だ、これは!? 道路上になんと戦車が動き回っている。やはりそうだった。遂に攻め込んで来たのだ。ソ連を中心とするワルシャワ条約機構の何と2000台以上の戦車をともなった延べ50万人に及ぶ大軍が昨夜20日の11時過ぎ、ポーランドとの国境を突破（一部は空路プラハ飛行場から）チェコスロヴァキアになだれ込み、占領作戦を進めている。先日も、改革を進めるチェコスロヴァキアを脅して圧力をかける大規模な軍事演習を展開したばかりだった。テレビ放送はときどき国歌をまじえながらもっぱら音楽だけを鳴らしている。プラハに帰らねばならない。そこはローカル線なのでポーランド国境に近い工業都市オストラヴァで本線の急行列車に乗り換えることになる（第Ⅱ部冒頭の地図を参照）。

切符を買って列車に乗る。車中の人は、みな押し黙っている。車掌が来て、プラハは遮断されて鉄道が通じないと伝える。どこまで行くのかたずねたが、詳しいことはオストラヴァ駅で聞いてほしいと言う。列車のあちこちでトランジスタ・ラジオを囲み人だかりができており、ニュースに神経を集中させている。テレビよりはるかに活発で内容のある報道を伝え続けている。全国的な抗議と憤激の嵐だ。「ワルシャワ機構軍の侵略と主権の侵害を糾弾する」「不当な占領軍の即時撤退を要求する」「ドゥプチェク等指導者を釈放せよ」（ドゥプチェク書記長・スヴォボダ大統領などは隔離されモスクワに連行された。）…。

やがてプラハ放送が入ってきた。すでに放送局はソ連戦車に周囲を固められている。午前10時50分、緊張したアナウンサの声が響いた。「…われわれは完全に包囲されています…緊急の事態が近づいています…今これ以上放送を続けることが困難になってきました…不可能です…放送を打ち切ります…チェコスロヴァキア共和国万歳！自由万歳！」。そして国歌が一回鳴りひびいたまま、音声はばったり絶えた。車中の人々は固い表情で、顔を伏せてしまった何人かいる。また放送が聞こえ始めた。ピルゼン放送である。距離が遠いという関係もあって音が小さい。「…タンクが放送局のすぐ下まで来ているのが見えます。ソ連のか、ポーランドのか、（東）ドイツのか、ここからでは分かりません。われわれは可能な限り放送を続けます。住民の皆さん、われわれはふたたび訴えます。秩序を維持してください。過激な行動にでて、占領軍に最悪の弾圧を許す口実を与えることのないよう訴えます。真実はわれわれにあります。真実が勝利するでしょう。…建物の前にタンクはさらに増えてきています…」。チェコスロヴァキア政府が自国の軍隊に軍事的抵抗の禁止を厳命していたことも知らされた。こうしてあの名高い「受け身の抵抗」がはじめられる。オストラヴァでプラハ行き急行列車に乗り換える。狭いスペースに沢山の国々がひしめいているヨーロッパでは、国境を越えて走る列車はめずらしくない。このプラハ行きの列車もお隣の国ポーランドのワルシャワ発である。

ちょうど列車の国境通過と、侵略軍隊の国境突破の時間が重なったため、列車は7時間も足止めを食らった。ダイヤはめちゃくちゃに乱れた。やっと乗ったが列車は走ったり、止まったり、徐行したり、虫の歩みさながらである。プラハ駅の2キロ以上手前で、それ以上は進めなくなった。もちろん市内の修羅場が原因だ。もう夜おそい時間帯になってしまった。仕方ない、しばらく線路上をあるいて、道路に出た。全くひと気のないゴーストタウンの有様だ。次々と照明弾が打ち上げられる音が鳴りひびき、そのたびに暗闇の夜空がぱっと明るくなる。自宅はプラハ市の反対側にあるので、その日に着くのには無理があった。そのためヤナさんの友人宅で一夜をすごし、翌日22日やっとプラハ郊外の居住地に着く。13階の窓から外を見ると、幹線道路の上をまだ続々と隊列を組んだ戦車が進んでくる。威厳と脅しを見せつけるかのように、低速でゆっくりゆっくり地面を這ってすすむ。

たしかに高スピードよりも一層不気味に映るのだ。こうして、ほかならぬ20世紀後半の世界における最大事件の一つ、いわゆる「チェコ事件」のド真ん中に居合わせる体験となった。ただ事ではない。現代の歴史がそのくさった付け根から、ぐらりと揺すぶられるのをひしと感じた。このワルシャワ条約機構軍によるチェコスロヴァキア軍事侵略（チェコ事件）は、まさにその後１９８０年代終盤から１９９０年代初頭に集中したソ連・東欧つまり旧ソ連型体制の全面崩壊、そして冷戦の終結という世界史大転換の序曲をなすものである。放送局とテレビ局がのっとられ、まともな報道が入りづらい。たよるのは海外メディアと地下放送である。普段からイギリスのＢＢＣ（日本のＮＨＫと類似している）は「東側」の電波妨害もなく聴きなれていた。さすがに世界中の他社取材も手にいれており、ニュース内容は充実していた。チェコ語による地下放送は放送局を占拠されたプラハはじめ各地方の放送スタッフが、完全占拠までの時間を利用して地下にもぐって設定・組織したもので、ＢＢＣなど一般メディアでは知りえない「内部情報」をけんめいに伝えていた。ただ自家発電で放送活動をつづけていたためきこえる音声も次第に弱まってきて、だんだん聞こえなくなってしまった。

◇「人間の顔をした社会主義」

そもそも何が理由で延べ50万人もの兵力をつぎこんで旧ソ連を中心とする軍事介入という暴挙をしたのであろうか？　明白な理由があったからなのだ。チェコスロヴァキアが旧ソ連の気に食わない「変革」を本気で追求しはじめたからなのである。しかも支配政党であるチェコスロヴァキア共産党が「本気」だったのでモスクワ勢力は切迫感をもって「わが身の危機」ととらえ状況の推移に神経をとがらせていた。（共産党内部にもモスクワ派の異分子を少数派としてかかえていたが。）この「変革」の目標を特徴づける表現として用いられたのが「人間の顔をした社会主義」である。つまり戦後1948年支配政党になって以来の「社会主義」が「人間の顔を失っていた」実態を修正せざるをえない所まで追いつめられていたのが真相といえる。この危機的状態をチェコ語で「デフォルマツェ　deformace」のひと言で総称していた。英語のdeformation と同意で「奇形化・不細工化・ダメ化」を意味しており、この表現はチェコスロヴァキア人の圧倒的多数が共有していた。「改革」はこの「デフォルマツェ」の克服をめざした。1968年4月、チェコスロヴァキア共産党は中央委員会総会において一つの文書「行動綱領」を採択しその方針を明確にした。その内容の骨子は次の6項目から成っている。

①党への一元的な権限集中の是正
②（党による）粛清犠牲者の名誉回復
③連邦制導入を軸とした「スロヴァキア問題」の解決
④企業責任の拡大や市場機能の導入による経済改革
⑤言論や芸術活動の自由化

⑥外交政策でソ連との同盟関係を強調しつつ、同時に科学技術の導入を通した西側との経済関係の強化。

市民グループは同年6月27日「二千語宣言」を4種の全国紙に公表して、「行動綱領」の支持と期待を表明した。起草は作家のルドヴィーク・ヴァツリークに依頼し多くの著名人が発起人として宣言に名を連ねている。わが国で知られている人物としては、東京オリンピックの華麗な体操選手ベラ・チャスラフスカや「人間機関車」エミール・ザトペックなどが含まれる。彼らは軍事侵攻後、ソ連による仕返しとして、ひどい目に会い人生を滅茶苦茶にされた。では、改革の対象になった「デフォルマツェ」の中身は何であったのか。一般市民の認識により圧倒的に共有されていた内容を列挙すると：経済的停滞と混乱／（「前衛党」の名による）共産党官僚の専制／職場に隈なく配置された秘密警察と不断の監視／電話盗聴・文書検閲／…共産党幹部子弟のコネによる不正入学／…挙げて行くと紙面いっぱいになってしまう。要するに、日常生活で「常識的に普通」が通用せず、まともに「息ができないヒドイ社会」のことだ。つまり「行動綱領」が「是正」の対象にした事がらである。ところで、よくマスコミや種々の本で、「二千語宣言」の精神・運動と被弾圧に同情して「プラハの春」と呼ばれるが、この表現には心底ウンザリする。そんなセンチメンタルなものではない。さまざまの残酷な形で犠牲になった数多くの人々がいる。そのことを少しでも考えれば「プラハの春」などと甘美で呑気な言葉は使えないはずである。

念のため記しておくが、もともと正式に「プラハの春」とよばれるのは、毎年5月に開かれる世界的にも名高い「プラハの春・音楽祭」のことである。１９４６年終戦直後に第１回が開催され、今年で64回になる。チェコの生んだ作曲家スメタナの命日5月12日から約３週間おこなわれ、世界一流の指揮者や演奏者が招かれる。有名な「モルドウ」をふくむスメタナの「わが祖国」の曲で開幕する。北国の「春」は五月に咲く。

◇市民の抵抗と困惑する若いソ連兵

軍事力での対抗を禁じたチェコスロヴァキア政府の方針にもとづき、民衆はいわゆる「受け身の抵抗」(passive resistance)でたちむかった。その具体的な行動は次のようなものである。そこいら中に反侵略の大小さまざまのポスターをロシア語とチェコ語で貼りまくる。その多くはチェコ人得意の風刺的ジョークが加えられている。ソ連軍をヒトラー・ドイツ軍にみたてた絵もある。少年少女を中心に戦車上のソ連兵に猛烈な勢いでアピールと説得をしまくる。チェコスロヴァキアでは小学3年からロシア語は押しつけられた必修科目であり、しかも同じスラブ語なので、会話は十分通じる。

さらに特徴的と判明したのは、投入されたソ連軍はほとんど若い兵士で編成されており、その上かれらは何のためにチェコスロヴァキアに送られたのか十分に教育されていなかったし、その「教育」も「チェコスロヴァキア政府に招かれて来た」というペテンだった。（じじつ、チェコ共産党中央委員会内の一部反動的メンバーは、ワルシャワ条約機構軍のチェコ侵入を正当化するため、そうしたインチキ「招請書簡」をモスクワに送っていたのだ。）「歓迎」される「筈」だった。しかるにチェコ市民の「予期せぬ」はげしい抵抗にあって、ソ連兵たちは「話のくいちがい」に直面するハメとなり、めんくらって途方にくれた。それを見ぬいたチェコ人は、抗議の内容は強烈だったが、ロシア兵一人ひとりに接する態度はおおむね温和であった。

今度はそれがますますソ連兵を「わけのわからぬ」状態にさせた。それゆえ相互の会話は次第にほとんど穏やかになりだしていた。僕もこうした風景やポスター類をたっぷり見た。（この意味ではソ連兵たちも「いいツラの皮」で、一種の「犠牲者」とさえ言えよう。）当然ながら、これで万事がそれほど平穏無事に済んだわけではない。その後の情報・調査を総合すると、抵抗による死の犠牲者は１０８名、重軽症者は５００名を超えた。また実力抵抗するひとたちの姿もうつし出されている（写真参照）。

侵略軍が狙って暴力的に突入したのは共産党本部やその関係の事務所だ。それはチェコスロ

「対話」で立ちむかうプラハ市民

プラハに侵攻したソ連軍の戦車隊

「対話」で立ちむかうプラハ市民

ヴァキア共産党第14回大会が予定を急きょ前倒しして9月9日開催とし、そこで軍事侵攻反対が決議されることを内部密告者たちから知らされており、「大会つぶし」にかかったからだ。しかし、大会はワルシャワ条約機構軍の厳重な警戒の中で予定通り開かれ、侵略非難の決議を採択した。その組織化の中心になり、大会の基調演説をしたのはイージー・ペリカーン氏で、彼はもとIUS委員長（～1963年）で、その後チェコスロヴァキア・テレビ会長に就任している。かれの一貫したはげしい抵抗闘争と重い責任的地位のため、モスクワからは「目のかたき」とされ、「国籍剥奪・国外追放」に処された。その後1989年のいわゆる「ビロード革命」のあと帰国した。（僕は今から25年ほど前の1985年、彼が旧知である当時中国共産党総書記の胡耀邦［以前青年組織の責任者であったのでペリカーン氏とは顔なじみ］と北京で会いに行く途中東京に立ち寄ったとき、新宿で食事をともにして色々語り合った。）

【ちなみに、この胡耀邦の死を追悼した大集会がいわゆる「天安門事件」の発端になった。胡耀邦は1982～87年中国共産党総書記を務めた。自由で活発な意見交換を重視したので、学生やインテリ層からつよく支持されていた。1989年4月8日に政治局会議の席上心筋梗塞でたおれ4月15日死去した。学生の追悼集会は最初の頃は1万人ていどだったが、党上層部による評価の対立とその内容が表面化するにつれ学生や一般市民の関心もふかまってゆき、5月には50万にものぼったようである。丁度旧ソ連のゴルバチョフ大統領が予定通り5月15～17日来訪した時は、天安門をうめつくす数十万の人で身動きがとれず、天安門で予定されていたイベントは不可能になった。ゴルバチョフには見られたくなかったので、彼の去ったあと具体策がねられ、6月3～4日にかけて戦車まで動員する武力鎮圧にふみきった。犠牲者の数を中国当局は「319名」としているが、「千単位」「万単位」など諸説紛々で実状は不明のままである。武力行使を最終的にきめたのは、「改革・開放」政策の元祖で、過去文化大革命でひどい目にあった鄧小平だったのは皮肉といえる。基本的に非難されるべきだが、初期はほぼ純粋な胡耀邦追悼のトーンの集会だったのが、その後「群衆」のなかには、場面に乗じて〝自由の女神〟の像までもちだすなど、口先だけで「人権」をさけぶ無責任な連中の勢力まで混ざっていたようで、判断の決定的見きわめには微妙さが伴う。いずれにせよ、いまでも「天安門」は中国共産党にとってタブーである。】

1963年以降のIUS委員長ヴォクロウフリツキーもまた、はげしくチェコスロヴァキアの軍事制圧に反対・抵抗してついに逮捕される。こうしてみるとIUSはなにか「反スターリン主義」の温床のようにみえる。過大評価するつもりはないが、じじつIUS書記局内はかなりフリーな雰囲気があり、僕じしんもIUSの方針決定や思想的問題について、相手にもよるが、かなり語り合えた。これは偶然ではない。世界の学生運動はかなり急ピッチで動く。旧ソ連・東欧諸国における「上部組織」つまり共産党の「指令待ち」では追いつかない。したがって、いきおい「独自の判断」がもとめられる。こうしてＩＵＳには「上部組織」からの乖離がすすむ素地があるといえる。これは僕の活動にとって非常に大切な要素であり、これを活かしてそれなりのささやかな成果もあったかと思われる。

三　国際学連内で日本全学連の占める確固たる位置

これまでも随所でこのテーマに触れてきたが、いまあらためて包括的に整理して確認して行きたいと思う。この事実を基礎にして初めて、国内の一枚岩ではない状況にもかかわらず「新左翼勢力全学連」が４回の国際学連大会に連続して代表団を参加させ得たと言える。その特徴のとらえかたには様々な視点と論点がありうるが、一つのまとめ方として提起したい。

⑴　まず何よりも根底にあるのは、１９４８年の創立以来の伝統的な日本全学連に結集した「大衆的学生運動の活発さ」である。とりわけＩＵＳ内ではいわゆる「先進諸国」の中では（ハンガリー蜂起のあと）ただ一つ残った組織であり、ＩＵＳの「一枚看板」として、この上ない貴重な「キリ札」であり続けた。勿論、アジア・アフリカ・ラテンアメリカにもそれなりに学生運動は展開されていたが、何と言っても各国の対人口比での大学生数において日本はケタ違いに大規模であり、それだけ社会的影響力も強い。しかも全学連ほど「持続的」に活

発な大衆運動は稀である。加えて「安保全学連」である。あれこれの評価はあっても、あの安保闘争で「ゼンガグレン」の名は世界中に鳴り響いた事実は否定しようもない。こうして日本全学連はＩＵＳという国際組織において「大黒柱」としての地位を更に固めた。これは、その後の組織的分裂にもかかわらず微動もしなかった。（なお「学生の全国組織の分裂」という種類の問題については、あれほど積極的に「安保全学連」を報道した国際メディアも、その関心と報道は驚くほど希薄で、それゆえ世界には全く知られていない。）

(2)　こうした、とくにいわゆる「先進国」のなかでの全学連の「持続的な大衆運動の活発さを基礎的背景にした「ＩＵＳ書記局内」での日本全学連の立場の強化、とりわけ「発言権の強化」があげられる。組織的統一性には困難をともなったが、60年安保闘争後も大衆的行動の展開は絶えることなくつづけられた。70年安保闘争にもその事実が反映されている。（60年代終盤における全共闘を中心として展開された「学園闘争」も、わが国の大衆的運動の根強さを実証している。）

(3)（自分で語るには若干の抵抗を感ずるが）上記の諸要因に支えられ、それを基礎にして成り立った「ＩＵＳ書記局内での石井の立場と発言権強化」というのがある。これにも上記にくわえて様々な要因が重なっている。（どこの組織や企業にでもある、ごく普通の現象であるが）時間の経過にともない、僕も次第に諸情報に詳しい、いわばＩＵＳ書記局内の「事情通」

となってゆき、諸業務に「習熟」して来た。つまり「ベテラン化」とでも言うべきか。

ただＩＵＳの場合では、一般企業・組織などとは異なり特殊な条件が重なっていた。ＩＵＳのような国際組織では、大会を含む諸会議での「決議文」「声明文」「宣言文」のような「文書」が重要な位置を占める。（ＩＵＳを「ミニ国連」と考えれば分りやすいだろう。）ところでＩＵＳの最重要決議である「帝国主義と植民地主義に反対し平和を守る闘い」等の「草案作り」が次第に「石井に依頼」の流れになって来た。これにはそれなりの訳と事情がある。ＩＵＳ書記局には、「東」の旧ソ連型体制諸国代表はもとより、他の常駐代表も、大衆的な組織運動の具体的体験が事実上ないのである。そのため「学生運動の現実的な闘争に見合う、〝生き生きした決議の表現〟が浮かばない。「東」のメンバーにしてみれば、党の官僚的文言しか出て来ない。他の代表も似たり寄ったりである。石井の作成した草案は、大抵そのまま「書記局草案」となり、それは又そのまま「大会（等）決議」となる。このような過程を通して僕はＩＵＳ書記局の「中枢幹部の一人」みたいな存在になって行った。それだけ発言権も強化されるのが自然の流れである。

◇60年反安保闘争の全世界的名声「ゼンガクレン」

「60年安保闘争」全体そのものが、戦後のわが国現代史上きわめて大きな比重をもった闘争である。それは、この闘争に関して書かれた書籍の膨大な数によっても示されている。また日本の「安全保障」問題は、アジアのすべての国々が深く関心をもたざるを得ない。日本が、第二次世界大戦をとおして、被害を与えなかったアジアの国は一つとしてないからである。また国内問題としても、日本の再軍備、自衛隊、憲法第九条などの関係からも重大な影響をもつ案件であった。

はたせるかな、今年（2010年）になって、「非核三原則」を前もって裏切る「密約」が、60年安保改定の付随事項として「合意」されていたことが露呈された。60年安保条約はこれほどの危険性をもつものだった。「安保反対」の声は労働組合、知識人、一般市民をまきこんで全国をゆるがす大闘争として展開された。その中で、もっとも早く、もっとも鋭敏に、もっとも行動的に、もっとも大きな集団を組織し、もっとも全国的に、立ち上がったのは全学連に結集した学生層だった。

一般的に、全世界のニュースとして「学生」がテーマの中心になることは非常にすくない。

しかし1960年の全学連は格別だった。「全学連の激闘と米国大統領アイゼンハウアー撃退」がセットとして一体化し、各国のマスコミがフル回転で取材・報道したため、この「事件」は全世界に飛び、トップ・ニュースの座を占めた。こうして「全学連」は国際用語「ゼンガクレン」として定着し、ゆるぎない存在として世界中に知れわたった。これに比例して、国際学連ＩＵＳにおける全学連の地位も飛躍的に強化された。

◇安保闘争後における国内全学連との連絡ルート選択

以上のような全学連の成果であったが、その成果をあげたエネルギーが想像をこえて絶大だったことも背景であろう、たたかいの「総括」はきびしいものとなった。あれだけのエネルギーを結集して、アイゼンハウアーの訪日調印を阻止する劇的な成果をあげたが、本来の目的であった「安保改定阻止」は果たせなかった。この冷徹な現実を前にして、全学連執行部さらに「ブント」内部ではげしい論争が展開され、ついには意見の対立から、組織的分裂にまで傷口をひろげた。これは、海外で活動する僕にとって悲劇だった。なぜなら僕を国際学連ＩＵＳにおくりだした「母体そのものの地殻変動」にほかならないからである。とくに「国内との連絡ルート確保」について非常に苦悩し、難航した。こちらは日本共産党の介入も許さず、独り異国で強大な国際的旧ソ連型勢力と日々対決しつつある身である。国内の基盤なしに国際戦線ではたたかえない。当たり前のことである。したがって最も苦しんで困ったのは、共にたたかったブントのトップ・リーダーたちが、事実上全員、たたかう活動の場から撤退して消え去ったことだ。「パイプ」が蒸発してしまった。激闘とその後の混乱で、心ならずも身を引いた同志もいたであろう。

ただここで、一人でもいい、二人ならなおいい、ひとことでも「連帯の言葉」が欲しかった。だが何も来なかった。ともかく何とかして「60年安保」をたたかった「新左翼グループ」との連結ルート構築を模索した。しかし「分裂」の流れそのものが流動的で、国外では判りにくい面もある。また色々な流派について、それぞれの方針の特徴が伝わって来ず、リーダーたちの名前と顔が一致せず、「知り合い」も見当たらないことが多い。あらゆる可能性をさぐった挙げ句、国内との連絡ルート選択は、結局ブント以来知っている顔ぶれ〈陶山健一、清水丈夫、鈴木啓一、北小路敏、倉石庸、多田靖等〉がいることと、〈反帝国主義・旧ソ連型体制批判〉という基本路線の大まかな共有で共闘を組めるか、という判断で「中核」と「革マル」の2組織にしぼられた。それ以外に選択肢はまったく残されていなかったのである。

「中核」「革マル」両派とも1962年でのIUSレニングラード大会後までは割れておらず、

まだ一緒だった。これも判断の一根拠となった。石井自身はどちらにも属さず、両組織とも未だまったく手つかずの重要問題＝旧ソ連型体制の政治経済的分析に沿って独自の立場にあった。こうして国際舞台では、「中核」「革マル」「石井」という組み合わせの「三者連合」を組んだ。幸い「中核」も「革マル」も石井の指示を尊重してくれ、さらにまた「中核」「革マル」「石井」の3者による方針討議や総括も破綻なく進められた。

国際学連という舞台だったので、自然の成り行きとして「まとめ役」は例外なく「石井」であった。時間を要するまとまった討論はすべてプラハにある石井の居宅でおこなわれた。これを知った日本共産党は目をむいて、「中核・革マルは国内で敵対しながら、国際的には野合している」などと絶叫して騒いでいたが、相互に対立するグループが国際的場面で団結・共闘して統一したのは、日本共産党などには到底できない結束力の成果であった。両派が夜をてっして共同作業をおこない、写真入りでなめらかな英語の説明文の付いた、見事な出来栄えの「全学連・パンフレット」を作成し、大量に持参してくれたこともあったのである。日本共産党などには、とてもこうした光景を想像することさえできないだろう。とうぜん、このパンフレットでも「60年安保闘争」は高く評価・広報されていた。

◇「新左翼全学連代表団」　国際学連4大会（60〜67年）に連続公式参加

まず、実績そのものを確認しよう。

①ＩＵＳ第６回大会（１９６０　バグダッド）
②ＩＵＳ第７回大会（１９６２　レニングラード）
③ＩＵＳ拡大中央執行委員会（１９６３　アルジェリア）
④ＩＵＳ第８回大会（１９６４　ソフィア）
⑤ＩＵＳ第９回大会（１９６７　ウランバートル）

まさに世界激動の１９６０年代を見事に埋めている。

①ＩＵＳ　第６回大会（１９６０　バグダッド）

日本全学連代表団は故冨岡倍雄氏（のち神奈川大学教授、全日本軟式野球連盟大学部部長）を中心とする構成だった。日米安全保障条約に猛然抵抗した日本全学連の活動（60年安保闘争）は全世界に知れ渡っており、大会での基本スピーチや他国の代表との積極的な会合を通して日本全学連の存在と活動を強く印象付け、他国学生組織との交流を深めた。またそれに加えて、ＩＵＳ書記局内での日本全学連の立場を強力に固める役割を果たした。まさに「ゼンガクレン」が国際用語として通用することを印象づけた。

②ＩＵＳ　第７回大会（１９６２　レニングラード　現：サンクト・ペテルブルグ）

当時の全学連はかなり分裂状態だったが、いま先ほど述べたように、以前から連絡・交流のあった全学連の後継グループを中心に構成を進めた。まだ分裂前で、のち「中核派」と「革マル派」に別れるメンバー構成だった。大会スピーチはまとまったもので、日本全学連の運動を代表していた。

※ただここで、きわめて特殊な「エピソード」に触れておかねばならない。これは今後世界のまた日本におけるスターリン主義勢力とのたたかいにとって、一つの教訓ともなる事柄であるからに他ならない。エピソードそのものはごく些細なことで、大騒ぎすることもない種類のハプニングであるが、スターリン主義者たちのやり口の一端を露骨に示したものとして紹介する必要を感ずる。事実のあらましは、こうである。

ＩＵＳレニングラード大会に向けて、日本代表団はコース途中のモスクワに立ち寄った。ここで代表団はあの有名な「赤の広場」で、ソ連をふくむ核実験の即時かつ永久の中止・撤廃を求めて、果敢にデモ行進を敢行した。生半可な気持ちでできることではない、決意をこめた実力行為だった。これは高く評価されるべき、勇気ある貴重な行動であった。今まで、世界のどの核兵器反対の団体でもしたことのない壮挙であった。実行した全学連代表は誰でも「警察の取り締まりに会う」と覚悟していたに違いない。逮捕すら念頭にあったであろう。事実一度は呼び止められて「保護」された。ところが、である。ソ連の学生組織代表たちが現れて、丁重に高級な中華料理店に「招待」したのである。【これが自国のレニングラードで行われる大会の参加代表団をむかえる「歓迎儀礼」として以前から予定されていたものなのか、「全学連バッシング」の意図的な「作戦」だったのかは不明である。おそらく前者（歓迎儀礼）だったと推定されるが、後者（全学連たたき）だった可能性も否定できない。】

全学連代表たちもおそらく「意外な」と面食らったであろう。しかし「丁寧なもてなし」に目をむいて「抗議」する気は出るはずもない。複雑な思いはあったかも知れないが、全学連代表たちは「お誘い」を受けて、高級中華料理店に入り、上等な中華料理の品々に舌つづみをうったのは当然であろう。

ここでまた「ところが」である。ところが、同時に「上等なロシア産のウォッカ」をたっぷり振舞われたのである。「ウォッカ」がロシアや東欧で有名であることはよく知られている。しかし余り知られていないのはウォッカにも様々な度数があることで、僕が経験した中で最高度数のウォッカはポーランド製アルコール分何と90％のものだ。同じ「酒好き」でもロシアや東欧では日本と度数のレベルが違う。かれらは「つよい」のだ。具体的に何度位のアルコールを振る舞われたのかは不明だが、意識的にきわめて強いアルコールを飲ませたかもしれない。日本代表の面々は、差し障りのない明るい話題でリラックスした雰囲気の中で、したたか飲まされ、酔わされてしまった。全く経験のない強度のアルコールで、日本代表団の2人はメロメロに調子を崩し「法規通り」「ブタ箱」にぶち込まれるハメになった。（「自然のなりゆき」だったのか、スターリン主義者たちの「陰謀」通りだったのか、まったく不明である。）翌日釈放されて無事にIUS大会には間に合ったが、ソ連代表団の連中は、公式の場でこそ口にしなかったが、各国の個別な場面ではこのエピソードをさかんに吹聴して回った。こうして日本全学連の面目と権威を失墜させることに、或る程度「成功」させる結果を生んだ。

最近、モスクワで「ブタ箱」に入れられた当人であるT君と会って話をきいた。彼によれば「はじめから計画的な報復」で、それほど酔っていないのに、護送車が下に用意されていた。ムリヤリ乗せられたので、徹底的に抵抗して一種の乱闘になり、自分の眼鏡もスッ飛び、これはレニングラードで返却してもらった、とのことである。

僕が指摘したいのは次のことである：【世界でも国内でも、経験をつんだスターリン主義者たちは根っ子からズル賢さを持ち合わせている。「笑顔で人を刺す」ことの必要性とやり口について鍛えられている。それなりに「したたか」なのだ。そして事情に応じて平気で陰険きわまる手口を実行する。甘く見るな。油断するな。】この「笑顔」はなぜかスターリン自身の笑顔を思い出させる。偶然ではない。同じDNAなのだ。そう、「冷酷な笑顔」。スターリン主義共産党はこの体質を刻印され身に付けている。世界各国でも、日本でも、である。

③IUS　第8回大会（1964　ソフィア）

この大会以降は、先述したように「①石井＋②中核派＋③革マル派」で構成される「三者連合の日本全学連代表団となる。大会に先立って私の住んでいたマンションで、①＋②＋③の合同会議が開かれ、国際情勢の分析、方針、戦術が討議される。おそらく日本国内では革マル派と中核派が顔を合わせ、膝を付き合わせながら意見を出し合う機会など皆無であった筈である。さきほども述べたとおり、石井はどちらの派にも属さず、中立でもなく、独自の意見を持っていた。とくにソ連・東欧の生産関係に基づく政治・経済体制の批判的分析に関しては僕自身の、それなりに体系化しつつあった理論を持っており、これはどちらの派とも「手つかず」の領域であった。大会後には必ず「総括」を話し合い、意見交換・討論がおこなわれた。

このソフィア大会には日本共産党グループが「平民学連」を名乗って強引に参加を試みたが、書記局会議で討議され、その結果が当局に伝えられて、かれらはソフィア空港で叩き出されブルガリア国内に一歩も足をふみ入れることさえ出来ずに帰国した。日本共産党はよほどくやしかったのであろう。この（かれらにとっての）「惨事」を経験させられたことにより、日本共産党の石井に向けられた憎悪と敵対意識は凄まじいものがあった。

ある時は二日続けて機関紙「アカハタ」でベタ一面の特集を組み、「石井攻撃」に熱を上げた。

といっても誹謗中傷の類でほとんど「わめき散らす」レベルのもので品格も問われかねない「えげつないゴミ」であったが、政党の機関紙がその紙面を使って大衆組織（全学連）の問題にこれほど集中的に「口を出す」とは如何なものか。一種の「公私混同」である。公的な大衆組織の「私物化」（党物化）に他ならない。スターリン主義者たちは、こうした「混同」を平気でやってしまう体質を、そのＤＮＡに深く刻みこんでいる。「大衆を指導する〝前衛党〟」まがいのまったく「ごう慢な」潜在意識が透けてみえてしまうのである。

④ＩＵＳ　第９回大会（１９６７　ウランバートル）

この大会で日本全学連は、ＩＵＳ副委員長の座を外れることになる。しかし僕はその後１９６８年９月プラハを去って西ベルリンの「自由ベルリン大学」の講師を務める迄ひきつづきＩＵＳ本部書記局に在籍し仕事をしていた。プラハを去ったのは他でもない、あの１９６８年８月20日の旧ソ連を中心とするチェコスロヴァキアへの軍事制圧の状況である。ＩＵＳ委員長ヴォクロウフリッキーが逮捕され、ＩＵＳは機能停止の状態となり、侵略勢力に支配された。

１９８９年のいわゆるビロード革命を経て、１９９１年8月ＩＵＳ本部はチェコ政府によりプラハから退去を命ぜられ、事実上解体状態にある。現在ＩＵＳ本部の公式住所は〈P.O. Box 58, 17th November Street, Prague〉となっているが、当住所にＩＵＳ本部は存在しない。〝P.O.

Box〟とは、Post Office Boxつまり「私書函」のことで、言いかえれば「私書函」としてのみ存在するわけだ。プラハへの復帰を嘆願しているが実現の見通しはないようである。

詳細は不明であるが、1991年8月にプラハから追放された時、Jaeger Ingoと称する不可解な人物を中心に、彪大なIUSの文書がドイツのハノーヴァー市に持ち出されたらしく、得体の知れぬ〝IUS〟が「再建」されて、日本共産党グループは「IUSに復帰した」などと自称しているが、「本部」の住所が〝私書函〟の組織だとすれば滑稽に聞こえる。ただしネットでの情報は2006年時点のもので、2010年現在どうなっているのか不詳である。インターネット上でもその後の活動は報道されておらず、財政的にも苦しいことが伝えられているので、実質的に有意義な活動は乏しいとみられる。

四　世界各国歴訪

これには当然二つの要素が含まれている。一つは、本来の目的である「世界各国の学生運動」との接触と連帯であり、もう一つは、歴訪に伴う世界各地方の自然と歴史・文化の貴重な体験である。後ほど訪れた国名を列挙しておくが、ヨーロッパ・ソ連・アフリカ・中東・アジアと広汎に上る。歴訪動機の中で、最も多いのはＩＵＳの諸ミーティング（大会・中央執行委員会・連帯集会など）の様々な国での開催に伴うもので、ここには多数の学生運動代表が集結する。次が個別各国の学生集会への、ＩＵＳ執行部としての単独海外訪問である。国別学生組織の大会への参加である。以下、叙述は必ずしも「時期的順序」ではなく、主として「インパクト順」というか、強い印象を受けた訪問を優先させたい。そのほうが、少しでも、より活力ある「報告」となる筈と考えたからだ。

◇キューバ

3回訪れた。①1961年、②1963年、③1966年と、歴史的背景の変化を反映して、国内事情と雰囲気も、各回それぞれ別々であった。圧倒的に強烈な体験となったのは第1回1961年だった。それには、いくつかの要因が重なっている。

①第1回訪問

まず「キューバ革命から間もない」時期だったことである。キューバは事実上米国の植民地的存在であり続け、すべての利権は米国資本に握られていたが、フィデル・カストロやチェ・ゲヴァラを中心とした青年勢力の長期・頑強な革命闘争の力で1959年1月1日、ときの大統領バティスタを海外逃亡に追い込み、政権を奪取した。（これに因んで1月1日は「解放記念日」とされている。）直後、革命政権は軍事法廷を開き、バティスタ政権の有力関係者約550名を処刑し、2月17日カストロが首相に就任、名実ともに新政権が樹立された。僕らがキューバを訪れたのは、2年半後の1961年7月、まだ革命達成の活き活きした明るい勢いが全国に拡がりつつあり、ムンムンとした解放の雰囲気に満ちていた。一方、依然として長く続いたアメリカ調の香りが残っており、不思議な異国情緒を感じさせる独特な文化的雰囲気が漂っていた。

一例を挙げてみよう。僕らは約1週間首都ハヴァナに滞在したが、キューバ人は野球と共にコカ・コーラが大好きである。だが米国政府のキューバ締め付け政策により、コカ・コーラが手に入らない。そこで仕方なく何とカナダから輸入してまでコカ・コーラを飲み続けていたのである。コカ・コーラを洋酒ジンで割った飲み物を「ハヴァナ・リーブレ（自由ハヴァナ）」と呼んでキューバ人の大好物。僕も何回か飲んだが、悪くない感触だった。ついでにここで触れておくが、伝統的にキューバ、とくにハヴァナは米国有産階級お馴染みの特別有名な保養地だった。そのため、超高級の高層ホテルが立ち並ぶ。ヒルトン、リヴィエラ、……まだまだ続々とある。僕らは「お客様扱い」で、それらの高層ホテルの一つに宿泊した。全館完全冷房がよく機能して、実に快適。あたかも米国ブルジョワの一員であるかのような錯覚を覚える位なのだ。（第3回キューバ訪問時にはこの冷房装置が壊れて機能しなかった。後述。）

なお、次の事実も付記しておこう。キューバ側の責任者から聞いた話で充分信頼性のある内容だが、当時「売春婦」は全面的には禁じられていなかったとのこと。もし禁じたら彼女らがまともに就職できる企業もまだ不十分で、彼女らは路頭に迷う。これが理由だ、と。

さて、この時のもう一つの感動的な光景が目に浮かぶ。学生・生徒たちによる「識字運動（文盲克服)」だ。政府が組織的な「運動」として政策化・行動化し始めたのが、丁度この1961年だった。政府はこの年の1月「1961年を教育の年」とする旨宣言する。一般的な「文化水準向上」だけでなく、当時の革命政権にとっては「文字を通しての全国的革命政策の徹底」が至上命令だったのだ。この運動のため、すべての学校が一時的に閉鎖され、実に延べ26万8千人にのぼるボランティアが参加したと言われる。

以前、バティスタ政権時代にキューバでの識字率は低く、40%とも30%以下だったとも言われる。学生や生徒が隊列を組んで農村・漁村などに展開して行った。夜間、カンテラをぶら下げながら、合唱で声を合わせつつ小山を登って進んでゆく有様は、いかにも積極的な熱気が感ぜられ、「この運動は本物だ。社会は変わる、国が変わる」と実感させ、ズシーンと来るものがあった。いま、世界の「識字率」を並べてみると(「15歳以上で読み書きできる人口率」と定義されたUNESCO資料2002年現在)、キューバは97%にまで跳ね上がっている。(比較:日本=99・8%、ドミニカ=84%、ブラジル=86・4%、インド=58・0%、パキスタン=41・5%、アフガニスタン=36・3%等)なおキューバでは現在でも、医療・教育費は無料である。

第二に、「4月17日プラヤ・ヒロン事件」の劇的な勝利の直後だったことである。(プラヤ・

ヒロン＝当地のスペイン語でPlaya Giron、英語ではBay of Pigs、直訳では「豚（複）湾」となるが、「豚湾」ではサマにならない。必要に応じて、慣例に倣い「ピッグス湾」とする。首都ハヴァナはキューバの北海岸メキシコ湾フロリダ水域に面するが、ピッグス湾は南岸でカリブ海に面しハヴァナの南東に位置し、車で約2時間強の距離にある。）ここで、この事件の全体を短く要約すれば、「アメリカ在住の亡命キューバ人集団が、米国の国家レベルの計画と支援を受け、カストロ政権打倒・カストロ暗殺を企ててキューバ上陸を実行したが、コテンパンにやられ大失敗に終わった」という歴史的な大事件である。そのわずか3ヵ月後なので最高潮の空気だった。僕らは戦いの現場プラヤ・ヒロン見学に案内された。見るも無残に船底を海面上に曝した姿で横転している数隻の上陸用舟艇の残骸を目の当たりにした。

「革命」の実現に伴い10万人を越す大中小ブルジョワ階層がアメリカに避難・逃亡した。その大部分はキューバに程近い米国のフロリダ州のマイアミに集中していた。米国ケネディ大統領は1961年1月20日に就任したが、「亡命キューバ人による、カストロ政権打倒をめざす、キューバ侵攻作戦」はケネディ就任前の1959年10月頃から、時のCIA長官アレン・ダレスを中心として綿密な計画が練られていた。その概要は「訓練された亡命キューバ人を前面に、キューバ国内に残留している旧バティスタ勢力と結託し、米国軍隊が後方から支援する」という図式だった。ケネディは就任以前、すでにCIAダレス長官から計画を知らされており、原則同意していた。本計画の最終的確認がされたのは1961年4月4日、ケネディ大統領、ラスク国務長官、マクナマラ国防長官、レムニッツァー統合参謀本部議長、そして当然CIAダレス長官等々の錚々たる顔ぶれによってだった。全員、計画に同意したが、ここでケネディは「いかなる場合でも米国〈正規軍〉は投入してはならない」という条件を付け、出席者全員これに賛同した。要するに「国家対国家」の闘いになれば「戦争」を意味するからで、へタすれば第3次世界大戦にもなりかねないからだ。

ところが一方で、頭の軽いCIAは亡命キューバ人部隊に対し「アメリカ正規軍の援助」を約束してしまっていたのである。（この辺りからも、「侵攻作戦」のギクシャクぶりが見えてくる。）「侵攻日程」は「4月17日未明（夜中）」と決められた。カストロ政権は事前の諸情報から、この計画の骨子はすでに把握していた。例えば米国の新聞「ニューヨーク・タイムズ」も事前に報じていた。さらにケネディ大統領は4月12日「侵攻予告」の声明を発表して記者会見まで行なう。したがって、カストロ政権は正規軍、民兵、空軍、砲兵隊など「総動員」の体制を万端整えていたのである。当然、民衆も知らされていた。

亡命キューバ人部隊は4月初め、カリブ海をはさんでキューバの南に位置するニカラグアのプエルト・カベサスに集結、10日に出動命令が下され、17日上陸用舟艇でキューバのピッグス

ピッグス湾（プラヤ・ヒロン）戦闘での勝利
侵攻亡命者を粉砕

湾から上陸開始。約1500名強の規模だったが、沖合いに7隻の艦船が停泊（うち5隻はニカラグアの軍艦）、弾薬と食糧の補給に当たり、さらに空母・駆逐艦まで待機させ、艦船の護衛役を務めた。また、ニカラグア空軍基地からは、現役から外れた中古爆撃機（マーチンB26）9機が4月15日キューバ空軍の標識を付けてキューバ空軍基地に爆撃を加え損害を与えた。

キューバ空軍も同じB26爆撃機を保有していた事実に目をつけたわけだ。C54輸送機もプエルト・カベサスから飛来、落下傘部隊を降下させた。一方カストロ政権は俊敏に動いた。まず、反革命分子の一斉取締りを開始、実に10万人を拘束。4月16日、全土に戒厳令が敷かれ250 0の正規軍が緊急戦闘体制に、民兵20万が総動員体制に入った。キューバ空軍は元々米国が置き残したB26爆撃機15機、T33ジェット練習機3機等のみであった。しかも4月15日のペテン爆撃で若干の損害を受けた。

事件後、米国当局が「敗因」の一つに挙げたのが、このキューバ空軍の意外な力量だった。T33は練習機とはいえ、れっきとした高速のジェット機である。しかも50㎜口径の機関砲を装備していた。亡命キューバ人のB26爆撃機9機のうち5機を撃墜し、またこのT33に先導されたキューバ側のB26爆撃機はピッグス湾で上陸作戦を展開しようとしていた上陸用舟艇を空爆して壊滅させ、同様にキューバのB26爆撃機6機は、沖合いに停泊していた艦船2隻を大破した。亡命キューバ人侵攻軍の士気はみるみる低下し、残党もボロボロになって敗退、戦死者1

15名、捕虜1189名を出して作戦は失敗、4月20日カストロ大統領は勝利宣言を発する。なお、キューバ側も決して無傷ではなく、176名の戦死者を出した。以上が「事件」の概要。一方、ケネディ大統領は記者会見を開き、「失敗の全責任は計画実行を命じた自分にある」旨認めると同時に、CIAアレン・ダレス長官とチャールズ・カベル副長官の更迭を発表した上で、「CIAの解体」まで宣言したのである。

同事件集結3ヵ月後に行なわれたIUS集会の雰囲気もまた独特なものがあった。先ず勝利の熱気である。当然、明るく熱いものであった。次に集会を取り巻く警備の状況である。「事件後」の厳しさもあるが、それよりも警備に当たったハヴァナ大学の学生さん達がみな軍服姿に身を固めていたことである。男性も女性も同じである。腰にはピストルを付けている。いつものキューバ人の陽気さと親切さは私服のときと全く変わりなかったので、「軍服姿」が何か唐突な一種の違和感を持たせたが、むしろ珍しく、面白い風景であった。実際日中はいかめしい軍服姿だが、夜の夕食時や晩餐会になると、女性は一変して、華やかなパーティー用の服と化粧をしてのお出ましである。男子学生も殆とが少しお洒落した私服姿であった。

この絶妙のコントラストが当時のキューバそのものに映った。しかしこれは、あくまでも「海外からのお客さん」向けのポーズで、それ以外は昼夜を分かたず厳戒態勢が取られていたのである。事のついでに、日中警護に当たっていた軍服姿の男女学生10名以上に話しかけ、持っていたピストルを見せてもらった。皆な気軽に取り出して、見せてくれる。一番興味があったのは「どの国製か」の点である。結論から言うと、その「国の多さ」に唖然とした。まさに「多国籍製」である。やはり断トツは米国製だった（Made in USA）。他はバラバラで、ベルギー・チェコスロヴァキア・ソ連……未だ「キューバ製」は無かった。これほど多国籍製に分散していると、中に入れる実弾はどうなるのか？ 余り深入りしてはまずい、と考え聞かなかった。

チェ・ゲヴァラとの木陰懇談

それは3日目の午後だった。チェ・ゲヴァラが多忙であったこともあり、あらかじめ予定はされていなかったが、その日の午後2時頃行われるはずのことが午前中に知らされた。われわれIUSの代表団は一つの部屋で待機した。やがてゲヴァラが姿をあらわした。彼はにこやかな表情で簡単なあいさつの言葉を口にしたあと、「今日は天気もいいし、外でするほうが気持もいいではないですか」とわれわれを誘い、外気にふれながら大きな木の下の木陰で、われわれ各国の代表団とIUS本部のメンバー合わせて40名位は地面の草の上に腰をおろし、彼の話に耳をかたむけた。「プラヤ・ヒロンの戦闘」の直後でもあったので、ゲヴァラは軍装のままだった。学生もピストルを携えていた位の情勢だったので、これは当然のことだ。

懇談はたしか1時間弱くらいだったと記憶している。（当然スペイン語で話すため、通訳が必要だったので、その分時間がかかる。）彼はあらためて歓迎のあいさつを丁寧にしたあとで語り始めた。語り口は静かであったが、大事な部分ではところどころ語気を強めた。話はおおむね次のような内容で、体験談と呼びかけが主だった。

「……自分はもともと医者だった。幼いころ重い喘息を病んで苦しんだことも一つの動機だったかもしれない。医学校在学中と医師免許取得後、ひとりの友人といっしょに広く南米各国を旅した。グアテマラ・ペルー・ボリビア…等々。そこで、各国、各地方でそれぞれ社会的にも違いはあるが、大部分ひどい貧困と劣悪な生活環境で暮らしている実状を見る体験をした。一方でこうした貧困と生活の背景にはさまざまな要素があるだろうが、アメリカ資本の巨大な力と影響を無視できなくなった。くわしい経過は時間の関係で省略するが、さまざまな経過を経てメキシコでフィデル・カストロと出会った。中南米の状況について米国資本主義が諸悪の根源であることで意見は完全に一致した。シエラ・マエストラでの過酷な条件のなかで忍耐強く革命の機をうかがった。一回だけのたたかいで勝利したわけではない。何人かの戦友を失った。でもついに勝利した。これを『革命の戦闘部隊の勝利』と考えるのはマトを得ていない。これは何よりキューバ人民の勝利である。人民の力なくして『戦闘部隊の勝利』などありえない。…みなさん、米国と向き合う北部の海岸に行ってごらんなさい。よく晴れた日には向こうにフロリダ州が見えます。我々は米国の土手っ腹に旗を立てたのです。あのフロリダ州に腹黒い逃亡者の連中が集まり、先日4月プラヤ・ヒロンに上陸してキューバ革命を破壊しようとした。でも、もともとダメな連中。うまく出来るはずがない。

われわれはかれらを完全に打ちのめした。みなさん、あのみじめにひっくり返っている数々の上陸用舟艇をごらんになったでしょう。でもわれわれは油断していません。いつまた、どんなヤリ口で米国帝国主義勢力が攻めてくるか判らないからです。かれらは土手っ腹に旗をあげたわれわれキューバ人民が邪魔で邪魔で仕方ないのです。みなさん、手をたずさえて帝国主義勢力と闘ってゆきましょう。」

質問の時間が少し与えられたので僕は尋ねた：「医者のタマゴとしてお聞きしますが…ゲヴァラさんは医者として世のために働くとは考えなかったんですか？」答：「ずい分考えました。でも、先ほどお話したように、南米各地を回って気がついたのです。劣悪な生活環境をつぶさに見せつけられて、ここ南米では〈治療よりも予防が決定的に大事だ〉と。今の南米は〈治療が役に立てない〉状況なのです。治療以前のことを解決して行かないと、治療もないのです。」

僕は納得して礼を言った。

こうした緊迫した情勢の中で、不思議なことが行なわれた。何とハヴァナ大学の美人コンテスト、要するに「ミス・ハヴァナ大学」選びである。「伝統」だとのこと。やっとそれだけの

（上）演説するチェ・ゲヴァラ
1965年2月27日、「第2回アジア・アフリカ経済会議」（アルジェリアの首都アルジェにて開催）
（下）1967年10月9日ボリビア山中で殺害されたゲヴァラの遺影

余裕が生まれた、平和と安定が確かなものになって来た証しとも考えられる。さらに困惑したのは、どういう経緯か不明だったが、この僕がそのコンテストの審査員の一人に指名されたのである。「外国のお客様代表」ということだった。とくに断る理由も見付からなかったので「快諾」した。僕の人生、後にも先にもこんな経験は、この時只一度だけである。3日後に「その日」が来た。我こそは、と出場するだけあって、誰も甲乙付け難い。また当の僕自身、それを見分けられる「審美眼」が備わっている訳でもない。ただ、ひたすら驚嘆・感動したのは「混血の美しさ」だった。

この点に関しては僕の目に狂いはない、と確信している。キューバは「混血の国」である。最大多数は当然」【スペイン系の白人】だが、米国からの移住者も大勢居る筈で、その区別は付かない。その次は【黒人「今はアフリカ系」の呼称もあるが】で、これはキューバで盛んな音楽の歴史にも刻み込まれている。サルサ、パチャンガ、チャチャチャ、等々みなアフリカ系のリズムを基調としており、また伴奏に使われる楽器の中には殆ど必ずと言っていいほどアフリカ系の太鼓「タムタム」が使用される。つまり「キューバ文化」は多分に「アフリカ文化」の血を引いている訳だ。僕もキューバ音楽が大好きである。

第三が【中国系】である。これはバティスタ政権或いはそれ以前から「華僑」が住み着いて、「チャイナ・タウン」があちこちに存在している事実にも反映されている。キューバには中国語の日刊紙まである位だ。さらに第四が【原住民族インディオ（タイノ族）】である。そもそも「キューバ（Cuba）」という名前そのものがタイノ族の「クバナカン（〔中心地〕の意＝キューバがカリブ海最大の島なので）」が由来とされている位なのだ。こうして少なくとも4種の血液系が代々重なって混血されているので、その組み合わせは何万通りにも達する。「ミス・ハヴァナ大学」の「審査員」に指名され、次々に登場する美女たちを「観察」しながら、僕はつくづく「混血の神秘と美しさ」に圧倒され、酔いしれた。

「審査」である以上、「ランキング」を付けないと「お役御免」なのだが、上記の実状で「ランキング」は「二の次」になってしまった。「審査」の途中でフトそれに気付き、あわてて適当な点数をメモしながら、その場を切り抜けた。「審査員」としては、完全に失格である。しかし、「代わりに」キューバの文化的背景をそれなりに「考察」出来たので、その分お許しを頂けるか、などと勝手な手前味噌を括った。「ランキング」の評価・意見を具体的に聞かれたら困るなあと思ったが、聞かれないで済んだ。

ここまで、キューバ革命を極めて積極的な、ポジティヴな評価で書き綴った。書いた範囲の限りではその通りで、カストロ政権がキューバ社会を大幅に変革し、人民の生活を大きく変えたことは間違い無い。識字運動一つ取ってみても、そのことは言えるだろう。しかし考えてみれば、「文盲克服」は日本の明治政府も見事にやってのけた歴史がある訳で、ヨーロッパ「先進諸国」も例外なく同様な道を通って来たのである。ただ「文盲克服」という言葉だけを取り出して一般化・概念化して評価することは出来ない。例えば日本の明治政府が行なった「文盲克服」は専ら政府が行政機関を通じて、つまり官僚的手段で「上から」進めたものである。キューバでの識字運動は異なる。イニシアティヴを取ったのは政府であり「上からの」号令ではあったが、実践的に動いたのは学生・生徒の大衆的運動で、官僚的な行政手段による形とは違っていた。「上から動かされた」と言ってしまえばそれまでだが、この辺が極めて「際どい所」である。少なくとも、形としてはそれなりに「大衆的運動」として盛り上がったのは事実だからだ。こうした「違い」を認めつつも、なおキューバ革命について、改めて検討すべき課題が多く残されている。

先ず重要なことは、「キューバ革命」が、その歴史を見れば明らかな通り、決して人民の大衆的蜂起で達成されたものではなく、極めて限られた人数の武装ゲリラ闘争による権力奪取で、意味内容を広く解釈すれば、一種の「クーデター」とも言えよう。全社会的矛盾をそれなりに深く読み取っていたので、権力奪取後、広汎な民衆の支持を獲得して今に至っているが、旧ソ連・東欧体制が崩壊した現在、そこに経済的（輸出・輸入・援助）・軍事的・科学技術的・政治思考的など諸分野で、これまで大きく依存して来たカストロ・キューバの将来は、必ずしもプラスに保障されているとは言い難い。とくに人民の大衆的蜂起抜きの権力奪取による「革命」は、勢い「上意下達」の官僚的構造を生みやすく、実際そうした官僚的構造が構築されて来ている可能性も考えられる。これは慎重に見極める必要がある。選挙制度や「一党独裁」傾向の有無や、社会的意志決定の仕組みなど、判断材料はいくつもあり、それらを丹念に実証的に調べ尽くして行かねばならない。

残念ながら今現在、僕自身はそこまでの作業が出来ていない。ただ直感的に言えることは、キューバ訪問が第2回、第3回と重なるにつれて、次第に「ソ連・東欧の臭気」を感じたのである。ここで大きな参考になる可能性が「チェ・ゲヴァラの運命にある」と考えている。１９６５年3月21日、ハヴァナの青年集会に出席したあと、チェ・ゲヴァラはいくつかの手紙を残して、忽然とキューバから姿を消す。この手紙とゲヴァラがキューバを去っている事実は、半年も経った10月3日のキューバ共産党大会においてカストロが手紙を読み上げる形で初めて公表された。僕が知る限りでは、この手紙に日付がなく、内容もこれが全部か不明である。いずれにせよ、事の本質は次の点にある：「チェ・ゲヴァラはキューバから離れたのではなく、カストロから離れた。」この一点である。また、公然と発表された事実なので、間違いは無いと考えるが、次のような経過があった。

チェ・ゲヴァラは各国との通商交渉のため１９６５年1月海外に飛ぶ。2月27日、アルジェリアの首都アルジェで行なわれた「第2回アジア・アフリカ経済会議」席上において、アルジェリアのベン・ベラ大統領と共に起草した演説を行ったが、その中でソ連の外交姿勢を「帝国主義的搾取の共犯者」（！）と厳しく論難して決め付けた。ゲヴァラは3月キューバに帰国したが、キューバ政府はソ連当局から「チェ・ゲヴァラをキューバ指導部から外さなければ、援助物資を削減する」旨の通告を受ける。これを受けてゲヴァラは「キューバの政治第一線から身を引く」ことをカストロに伝え、カストロ、両親、子供の三者に宛てた手紙を残し、キューバを去った。正確な月日は不詳。その後、コンゴ次いでボリビアに渡り、革命闘争を続けたが、アメリカCIAと結託したボリビア政府軍に捕らえられ、1967年10月9日射殺された。（射殺時のエピソードが色々伝えられているが、省略する。）この経過を見る限り、チェ・ゲヴァラは「反帝国主義・反旧ソ連型体制主義」思想の持ち主にも思われ、とすれば、その立場にある僕としては共感する所がある。

②第2、3回訪問

第1回ほどの鮮明な印象はうけなかった。要因としては「はじめてではない」という面もあるかもしれないが、それ以上になにか「出来上がってしまっている」というようなことを直感した。こちらとしては「経験しすぎている」あの旧ソ連・東欧の「管理された」ある種の殺風景さだ。期待しすぎたのかもしれないが、どうも活き活きした雰囲気、要するに活気があまり感ぜられない。したがって、正直に言えば、ここに記すほどのこともないのが「ありのまま」だ。ただ一つだけエピソードを語っておこう。第3回キューバ訪問時のことである。例により「賓客」として迎えられ、首都ハヴァナの超高級ホテルに宿泊することになった。

ところが、である。ホテルの全館にわたり冷房装置がこわれて機能しないとのことだった。空調機関の設計図はアメリカに持ち去られていたので修理全く不能。全館完全冷房の建築構造のため窓は開かず、やむなく夜は「超高級ホテルのベランダで寝る」始末だった。「まもなく東独の技術陣がきて点検し、修理してくれる予定になっている」とのことだったが、それがいつになるのか不明だという。もしその「技術陣」が来ても、複雑な空調システムを設計図無しで、はたして復調できるのか、甚だ疑問に感じた。

◇ポーランド――「アウシュヴィッツ強制収容所」

チェコスロヴァキアの北西側は一面ポーランドと国境を接している「隣国」だ。ポーランドにはいろいろな用件で何度も訪れている。そのなかで、1964年の夏行ったとき、貴重な経験をした。あの大量殺りく「ホロコースト」で有名な元「アウシュヴィッツ強制収容所」を案内されて訪れたときである。前々から来ようと思っていたが、やっと機会を得た。ここはナチス・ドイツが大量殺りくを実行したことで知られているが、ナチスにはもう一つの目的があった。それは「超安い労働力」の獲得であった。それゆえ、収容所の入り口には大々的な横断幕が露骨にかかげられ、そこには有名な標語〝ARBEIT MACHT FREI〟（ドイツ語＝「労働は自由にする」）が書き示されている。もちろん「働いたら自由」になるどころか、使うだけ使って、あとは「処分」する、いわば「使い捨て」の場所でもあった。

言うまでもなくいま一つの主な目的はユダヤ人消去（虐殺）だった。ポーランド人の友人が僕を収容所の沼地のような所に連れてきて、そこに点在する小池みたいな水たまりを指さし、「行ってみましょう」と言う。一つの水たまりの淵まで来て、「水に手を入れ、下の泥をすくいとってみて下さい」と言うのでそうしてみた。泥の中には陶器の破片に似た固い小片が見えるし、触ってもわかる。彼曰く「人骨ですよ」と。これはくどくどした説明よりもずっと説得力があった。「殺されて、捨てられた」ゴミ扱いがつたわってくる。

次に収容所の中に案内された。アウシュヴィッツには30ほどの施設があり、うち3施設がれっきとした強制収容所だったとのこと。僕が行ったのはたしか「第二収容所」だったと思う。ガラスを通して見える大きなコンテナ様の収納箱があり、中には人間の毛髪がどっさり入れて

アウシュヴィッツ収容所

あった。「始末された人たちのもので、繊維などの代わりに再利用するため、こうして保管されていたのです」という説明。要するにここで人間は「物」として扱われたことが感じ取られる。「始末」するための悪名たかい「ガス室」にも案内された。着衣は全部脱がされ、あたかも「入浴」するかのように指示されて、結果「消された」とのこと。虐殺されたのは「血液純化」の名のもとに「始末」されたユダヤ人が圧倒的に多かった。今現在、原稿を書きながら「犠牲者の人数」を調べてみたら、「想定数」に100万人単位の相違があると知って驚き、やや困惑している。ポーランドを「解放」したのは旧ソ連であったため、戦後の1945年に開かれたニュルンベルク裁判では旧ソ連の資料が使用され、アウシュヴィッツでの犠牲者は「400万人」とされた。ところが「冷戦」が去った1955年の再調査で「150万人」に改められ、現在この数字が公式とされ、アウシュヴィッツの現地にも「150万人」が標示されているという。

その「差」は、なんと「250万人」である。ここでもスターリン主義者が「人間」を「物」扱いにしている実態が浮かんでくる。要するに「解放の実績」を大げさにして政治的に利用する目的でかかげた「数字」で、これはもはや「犠牲者の数」ではなく、政治的な「物」の数にされているのだ。スターリンにとって「250万」の違いなど「たいしたことではない、適当でいい」のだ。同じポーランドで平然と虐行した、あの「カティンの森」事件とまったく同様な「思考様式」である。「ヒトもモノも、たいした違いはない」のだ。日本共産党はこうしたスターリンを崇拝していた。

※「カティンの森事件」とは…【1940年スターリンの命令でポーランド人捕虜2万人以上を大量銃殺した事件で、旧ソ連は「ナチ・ドイツの仕業」と言い張ったが、ゴルバチョフ大統領がはじめて公式に「ソ連の行為」とみとめ、プーチンも現場に行って追悼し、謝罪した。「独ソ不可侵条約」の合議でポーランドの東半分を占拠したソ連が、ソ連統治に批判勢力になりかねない「邪魔な」ポーランド人20万人以上を捕虜としてソ連数か所の収容所に抑留し、1940年将兵・警官・知識人・聖職者などを殺害した。旧ソ連崩壊後スターリンとベリア内務大臣の署名入りの命令書が公開され、21、857人のポーランド人殺害を記した書類も発見された。】話は1939年にさかのぼる。同年8月23日ヒトラー・ドイツとスターリン・ソ連が突如「独ソ不可侵条約」を結んで世界をおどろかせた。その附属秘密議定書には独・ソによるポーランド分割支配がくみこまれており、その境界線まで決められていた（たとえばワルシャワは「ドイツ領」別図参照）。このの「条約締結」のわずか1週間後の39年9月1日ドイツ軍はポーランド侵攻を開始、これにたいし英仏が2日後宣戦布告して、第二次世界大戦が火をふいた。しかし「条約締結」の相手側ソ連にとって、これは「折り込み済み、約束通り」だった。ソ連も「約束通り」約2週間後の9月17日東側からポーランドに侵攻、こうしてポーランドは「附属秘密議定書」の計画通り独・ソに分割占領されて、世界地図から消えた。しかし「独ソ不可侵条約」は独ソ双方にとって計算され

た「時間かせぎ」にすぎなかった。はたして「条約」締結後2年に満たぬ1941年6月22日ドイツ軍はソ連領に侵攻、またたく間に（1943年スターリングラードの激戦で反撃をうけて攻守逆転するまで）広大なソ連領を支配した。ソ連西部の都市スモレンスクに近い森（カティンの森）で43年2月27日、ドイツ軍将校が多数のポーランド人軍人の遺体が埋められている7つの穴を発見、報告を受けたドイツは4月13日ベルリン放送で公式に報道、ゲッペルス宣伝相は「ソ連による大量虐殺行為」として大々的に宣伝した。ソ連は4月15日に「1941年に侵攻してきたドイツ軍によってスモレンスク近郊で作業に従事していたポーランド人たちがとらえられ殺害された」と反論。ドイツとポーランド赤十字社は「人道的見地」にたって、ジュネーブの赤十字国際委員会に「中立的調査団」による調査を依頼した。

5月1日赤十字国際委員会とドイツとポーランド赤十字社による本格的調査が開始された。スイス、スウェーデン、ノルウェーなど12カ国からなる国際委員会も独自の調査をおこなった。その結果、次の点で一致した結論を得た：すなわち、【①大半の遺体は後ろ手をしばられ、銃殺されていた。②しばったヒモはソ連製である。③遺体のなかには突き刺した跡があるケースもあったが、それはソ連の銃剣によるものである。④遺体が所持していた新聞や書類から、1940年5月（ドイツ軍のソ連侵攻前）殺害された。】しかしソ連は自説を押しとおした。独ソ戦の激化で調査は完了に至らず中断された。戦後行われたニュルンベルク裁判でスターリンのソ連は、恥知らずの極み、厚顔無恥にも、同事件の犯行についてドイツを告発した。しかし英・米が支持しなかったため、裁判では議題にならなかった。戦後もすっと旧ソ連の支配下にあったポーランドで「カティンの森」はタブーであったが、ゴルバチョフによってこのタブーはやっと解除された。ポーランドの映画「カティンの森」は有名なワイダ監督によって制作されたものだが、彼の父も「カティンの森」の犠牲者だった。スターリンは、みずからの支配権の邪魔になるような、「影響力のある」人物や集団を極度におそれ嫌って抹殺する。ロシア革命を共にたたかった共産党政治局員たちまでも次々に処刑された。「ソ連戦車隊の父」として名声のあったトハチェフスキー元帥も消された。１９４４年の「ワルシャワ蜂起」の悲劇も同じだ。ワルシャワ市ヴィスワ川の対岸まで攻め入ったソ連軍との合意で、8月1日に5万のポーランド国内軍が蜂起した。ドイツ軍との壮絶な殺し合いがつづいた。

国内軍はとうぜんソ連軍が川をわたってきて援軍となると期待したが、ソ連軍は動かず何と「傍観」をきめこんだのである。ドイツ軍はもちろん敵だが、ポーランド国内軍が勝ってワルシャワの主導権をとるのも嫌った。「殺し合い」をさせて双方の消耗を狙ったのである。2か月の激戦で9月末、国内軍はせん滅され降伏した。ドイツ軍はワルシャワ市を廃墟にするまで破壊しつくしてから逃走した。そこへソ連軍はまったくの無傷で入ってきてワルシャワを占領した。スターリンの「社会主義」軍隊が示す「反人民性」の露骨な見本である。

◇アルジェリア

首都アルジェで行われた中央執行委員会に出席のため、独立を果たして間もない1963年の夏に訪れた。「アフリカ」と聞くと反射的に「暑い」と思われる方もおいでかも知れないが、地中海に面した「北アフリカ」はカラっとしてむしろ「快適」である。おとなりのテュニジアにも行ったことがあるが、同様の感触だった。ただしここアルジェリアでは、アルジェのすぐ裏側（南方）はサハラ砂漠で、地中海的気候とはまるで違う。「昼は夏、夜は冬」とガラリと変わり、温度差がきつい。実際、サハラに近い場所で宿泊したときは、この差異にびっくりした。着いて3日目、激しかった独立戦争の跡地として、小山の奥にあるこじんまりした建物に案内された。アルジェリア兵に対する、フランス軍による「拷問訓練所」跡だった。

さまざまな拷問器具が展示されていたが、僕にとってもっともショッキングで「ああ、やっぱりそうだったのか」と思わせたのは部屋のあらゆる壁一面に乱暴なタッチで画かれた「絵」の数々だった。まさに「エログロ・ナンセンス」を全面展開させたゾッとさせる「作品」であった。そこに表出されたのは、「拷問する側」のやりきれない、ヤケッぱちな気分の殴りがきに他ならなかった。「植民地主義」の「手先」に同情する気は毛頭ないが、反面「手先にさせられた」若者たちについて、「かれらも犠牲者だった」という思いが湧いてきた。帝国主義と謂い、植民地主義と謂い、軍国主義と謂い、スターリン主義と謂い、「される側の犠牲者」も「する側の犠牲者」も、「犠牲者の両面」として存在することを、つくづく考えざるを得なかった。「する側の犠牲者」として「きけ、わだつみのこえ」のイメージが反響した。

◇キプロス

１９６４年９月、ギリシャのアテネ空港経由で地中海の楽園ともいうべきキプロス島に着いた。空も海も青く澄みわたり、地中海独特の乾燥した心地よい暑さだった。３泊した。知られている通り、キプロスは長年ギリシャとトルコの勢力争いで、島は双方の領土として二分されている。招待したのはギリシャ側の大学であった。トルコ批判は当然題目になったが、ここでも国内問題、すなわち大学の自治権が焦点だった。なにしろギリシャ語での討論なので、直接にはさっぱり理解できなかったが、気持ちのよい友人が英語に通訳してくれ、さらに問題の説明までしてくれた。ＩＵＳとしてはトルコ／ギリシャのどちらを支持するか、むしろ「中立」で、「平和的統合」とトルコのＮＡＴＯ加盟の危険を強調した。余り広くないホールに詰めかけた百名を超す学生の討論は活発だった。挙手をして発言を求める。司会者がその学生の名前を呼んで発言をうながす。様々な名前が響いたが、やがて「ソクラテス君」の呼名を耳にしたときは正直びっくりした。あたかも古代アテネの議会に居るような錯覚を覚えた。「ソクラテス」は別に特別な哲学者の呼び名ではなく、日本で言う「佐藤」「中村」と同様のポピュラーな名前と知って、何やら安心した。大会後友人と地中海で快く泳いだ。

訪れた国々は他にもまだまだ沢山ある。しかしとても全部は書ききれないし、ヘタに並べていくと、「世界観光案内」になりかねない。したがってこの辺で打ち切りにしよう。書き省いて後で「しまった」となるケースもあるだろう。

五　プラハからベルリンへ

◇英国公共放送（BBC）テレビ討論会「反乱する学生層」に招待出席

　1968年5月31日の昼下がり、僕の自宅マンションに英国公共放送BBC所属のスタッフであるロバート・マッケンジー氏および他一名の方が来られた。あらかじめ手紙で来訪を告げられていたので、不意客ではなかったが用件は知らされていなかった。お互いの自己紹介を済ませ話の中身に入ると、概ねこういう趣旨だった。「来る6月13日、最近世界中で拡大している大規模な学生運動の代表に集まっていただき、その討論会を公開TVで放送したい。もうすでに予定が組まれている。日本の闘争活動もよくニュースで伝えられているので、日本代表として参加出席してほしい」と。

　プラハでもBBCは毎日聴いており、僕にとっては主要な情報源として馴染みがあったので何の違和感もなく、また諸国の学生運動リーダーたちと会えるのもよい機会だと考え、若干の意見交換のあと即座に応じた。あのワルシャワ条約機構兵力によるチェコスロヴァキア軍事制圧の2カ月前に放映されたイベントである。「1968年」の特殊性を浮き彫りにする。

2週間後の6月13日、予定されていた参加者はBBC内の中ホールに集まってナマのTV放映が始まった。西ヨーロッパ全体で視聴できる。ここのホールはよくあるスリ鉢状の円形で、周りは段階的な高低差がついており、観客は誰でも中央を素通りに見下ろせる。規模は中位で数百人が座席を埋めていた。当日の正式な番組タイトルは〈STUDENTS IN REVOLT〉（反乱する学生層）だった。

放映時間は1時間半だったが、時間的制約、内容と経過の複雑さ、各国で取り組んでいるテーマと条件の多様さ・・等々のため、「討論」というよりは各代表からの報告と意見表明が主になった。しかし、全体を包括してみると、主題は「教育改革」だった。それぞれの国で各大学システム・教育制度が時代錯誤の旧弊に埋没し、時代と将来にふさわしい活気を失っている、「これを打破せねばならない」という闘争の大きな目標については、確実に基本課題を共有していた。

こうした「変革」は戦後20余年、「激動する世界」とは無関係・無関心の所に位置する大学のあり方が旧態依然の状態で、マンネリ化が発酵して臭気を放ち「どうにもならない」状況にあって「一気に爆発した」時代背景を示していたと言える。「全共闘」が中心ですすめられた我が国の「学園闘争」も、同じ時期と土壌を共有していたと考えられる。（僕は当時、日本に不在だったが。）

下記に、その日参加した学生運動の国名を列挙する。順序はＢＢＣの標示と公表順で、カッコ内は当日「その場（ホール）」での出席者名である。

英国（Tariq Ali）、フランス（Daniel Cohn-Bendit, Alan Geismar）、米国（Lewis Cole）、ベルギー（Leo Nauweds）、スペイン（Alberto Martin de Hijas）、日本（Yasuo Ishii）、チェコスロヴァキア（Jan Kavan）、西独（西ベルリンをふくむ）（Ekkehart Krippendorff, Kari-Dietrich Wolff）、イタリア（Luca Meldolese）、ユーゴスラヴィア（Dragana Stavijel）以上10カ国、12名となる。

この他場外には、同じ国から同行した大勢の学友がいた。（とくに英国、フランス、西独などがその例である。地理的にも当然だ。）その中に、僕の人生航路の一時期に決定的な影響を与えた西独＝西ベルリンの運動家、ファッフェンベルガー君もいた。（彼に関するストーリーについては、次いで間もなく後述する。）

参加した諸国代表の中で特に注目されたのはやはり「フランスの闘い」だった。
68年5月をピークにしてパリを中心にして全土に燃え盛ったフランスの学生運動は、社会的矛盾の根源にまでその矛先を向けることによって労働者階級の全面的な社会変革の闘争に点火、労働者・学生の大共闘に発展、ついに労働者階級のゼネストにまで至る激震と化した。ド・ゴール大統領を退陣に追い込んだ「フランスの五月革命」として知られる。【日本共産党と共通するスターリン主義の歴史的根っ子を持つフランス共産党はひたすら「火消し役」を演じ、全土がゼネストにまで拡大した時点で、「置いてきぼり」を恐れた共産党はオズオズと「ゼネスト支持」にひっくり返った。かつてこの8年前60年安保反対闘争のとき、全学連の闘いを「トロツキスト」と非難して、ののしりまくり、やはり「火消し役」を演じた日本共産党と瓜二つで、つくづく、国境を越えて「同じ〈スターリン主義ＤＮＡ〉の共有」を感じさせるものだった。】
さて、ＢＢＣミーティングには、このフランス学生闘争のリーダーであるコーン・ベンディット君 Cohn-Bendit が居た。（僕は個人名で特定人物を英雄視するのを好まないが）彼の名はＢＢＣ会合前から西ヨーロッパで知られていた。彼とも10分間くらい話せたが中途半端に終わってしまった。結局彼はマス・メディアの集中的な取材目標として取り囲まれてしまったからである。

少し余談になるが、いくつもの国がお互いに国境を接し、民族的にユダヤ人も生活するヨーロッパのやや複雑な風土を、上記コーン・ベンディット君の例でみてみよう。彼は1945年フランスで生まれたユダヤ系ドイツ人である。両親ともユダヤ人で1933年ナチスの迫害をおそれ、フランスに逃れた。1958年父が弁護士としてドイツに戻り、彼も同行した。高校まではフランクフルト近郊で学ぶ。しかし1966年フランスのナンテール（Nanterre）大学で社会学を学ぶ。彼の名前のフランス読みはコーン・バンディ。「五月革命」で逮捕されドイツに「国外追放処分」となる。その後さまざまな経過を経て「緑の党」に参加、フランクフルト副市長も歴任、「緑の党」から欧州議会議員に当選して活動をつづけた。

僕も日本全学連代表として精いっぱい発言した。60年安保闘争でその名を世界に知られた「ゼンガクレン」は、まだ「知る人ぞ知る」形で名を残していた。ただ歴史の皮肉というか、日本の全面的な、全共闘を中心とする「学園闘争」は当時まだ芽を吹き出した段階で、その後68年後半から69年にかけて全社会的に激しく開花する。BBCミーティングの頃(68年6月13日)は、その断固としたノロシが打ち上げられたばかりの時期だった。まず1月29日インターン制度に代わる登録医制度に反対して東大医学部が無期限ストに入って「学園闘争」の口火を切り、「医局・講座制解体」にまで闘いの目標は深化拡大され、一方5月23日には日大全共闘が発足、そういう、初期段階の状況だった。この「時期的ギャップ」に加えて「絶対的な情報不足」が不利だった。

まともな諸情報が敏速・組織的に国内から送られてくる状況にはなかった。（上記の具体的事実も、帰国後に調べて分かったものである。）したがって、BBCミーティングで参加組織共通の関心事だった「学園・教育改革」とそれを通しての社会改革のテーマに関しては、ヨーロッパでの事態を分析しつつ大まかな原則論の形で述べて連帯を表明するにとどまり、全共闘主導の日本の「学園闘争」総体を具体的に展開・紹介することは残念ながらできなかった。アメリカ帝国主義のベトナム侵略戦争反対運動、それに関連する沖縄基地問題、来たる70年安保再々改定反対の闘いなどを紹介した。

ＢＢＣミーティング解散直後、西独でも最も激しい学生運動が繰り広げられたベルリン自由大学のファッフェンベルガー君が来て「実は大事な相談事があるのだが…」と語り始めた。（ちなみに、歴史的に名高い「ベルリン大学」は東独が支配する東ベルリンにあって「フンボルト大学」と改称され、これに対抗して冷戦が火を吹き始めた１９４８年西側にもう一つのベルリン大学が創設された。その名が「ベルリン自由大学＝ＦＵＢ」である。）

ファッフェンベルガー君の説明と要請はこうであった。「ＦＵＢで徹底的な学園改革の運動を進める中で、東洋学科日本部門の責任職にあったエッケルト教授（Eckerdt＝以下Ｅ教授）

がナチ・ドイツに協力関係にあったことが判明・暴露され、E教授は追放された。そのため日本部門の教員の座が空席となり『教え手不在』の状況にあって授業が進められない。そこで当面石井さんに来てもらい授業を進め、正教授探しの作業に当たってほしいのです。自分の妹ウルリケがその日本部門に在籍し、この問題の担当責任者になっているので彼女と連絡をとってほしいと。

何しろ想像もしていなかった急なこと、それを聞いてこちらは当然面喰った。しかしFUB日本部門の窮状も無視できなかった。また僕自身、IUSでの活動は一歩引いた位置にあって、以前のような重責からはやや離れた状態だった。「ベルリン行き」について即答はできなかったが、可能性としては考慮の価値があると思い、「即刻とはいかないが、前向きに考えたい。現職もあり、少し時間を持たせてほしい」と、その場では答えた。念のため、ウルリケさんとの連絡や必要書類の整理・作成は開始しておいた。その後「ベルリン行き」を決定的にしたのは、他でもない、あの8月における、ソ連を中心としたワルシャワ条約機構軍によるチェコスロヴァキア軍事制圧である。IUSは機能停止状態となり、僕がプラハに在住する積極的な理由・根拠も薄弱になってきた。ウルリケさんにも伝え、具体的な移動日・移動ルート・諸手続きの確認や、ベルリンでの住居の設定など、あれこれ多くの用件があり、必要な準備を急ピッチで進め始めた。

◇ベルリン自由大学――講師として1年間

1968年9月17日、9年半住みつづけた「思い出深い」プラハに別れを告げた。うす曇りの日の午後だった。プラハ飛行場から空路東ベルリンに向かった。ご存じのとおり、「西ベルリン」は〝絶海の孤島〟みたいに東ドイツのど真ん中にある。つまり、西ベルリンは、ぐるりを東ドイツに囲まれている。僕は日本国籍なので西ベルリンに入るのは西ドイツに入るのと同様で、ヴィザは不要である。

ところが妻はチェコスロヴァキア国籍、つまり当時の冷戦時代「東側」の国籍だったため、一般的には「西側」に入国することは至難なことであった。けれども、「西側日本人」の妻ということで、手続きはヴィザの獲得などやや煩雑だったが比較的スムーズにはこんだ。バスで「ベルリンの壁」を通過し西ベルリンに着いた。住所は予め知らされてあったので、タクシーでヴォルフガング夫妻の自宅の一室に案内され、そこが新しい「住居」になった。

さて、翌日からでも早速FUBでの「講義」などの打ち合わせを始めようか、とも考えていたが、それほど簡単ではなかった。まず市当局による「身体検査」と各種の予防接種である。それも「アジア人」である僕だけが対象で、「ヨーロッパ人」である妻はまったく対象にならず、フリーであった。この点では冷戦の「西」も「東」もなかった。要するに「ヨーロッパ人は健康上心配要らないが、アジア人は要検査」という一種の差別観である。「アジア」となれば、日本もカンボジアもインドネシアも「一緒くた」である。おそらく中東・アフリカ・ラテンアメリカなども「要検査」であろう。善意に解釈すれば、地域で流行しやすい伝染病が考慮されていたのだろう。また「ヨーロッパでの検査方式は判っている、しかしそれ以外の地域での検査には責任持てない」という考えかも知れない。ともかくこの差別にはおどろき、またふと違和感を経験した。

2〜3日後からFUBでの「講義」について、週の中の日時の設定、「講義内容」などについて詰めの協議が進められた。「講義内容」は日本語のほか、日本の近代史と日本文学をお願いしたい、という要請だった。「日本の近代史」は何とかこなせるかと思ったが、「日本文学」となるとまったく手が出ない。したたか困り果てた。なにしろ「評論」以前の話で、そもそも「文学」に値するような「作品類」をろくに「読んでもいない」ので、事実上「無知」なのだ。それで正直にこう伝えた。きわめて限られた範囲で僕なりに知っていることは話すが、「講義」のレベルに値する、より体系的で深い内容までは無理。来るべき「正教授」にお願いする以外に「解決」は困難と考える、と。学生さんたちは、無理もない、いささかガッカリした様子だったが、「日本語と日本の近代史、それに〈正教授探し〉に精をだしてほしい」という線でまとまった。

授業はほとんど英語でなされた。もちろん「日本語」がかれらの主要な要望の一つだったので、必要に応じて日本語を話し、また「講義」らしい説明もこころみた。ドイツの大学生は、英語がゲルマン的要素も入っていて「近い」こともあり、いわゆる「格変化」も「発音」も、たとえばスラブ系を学ぶよりは、はるかに容易である。したがって学生はみな英語がペラペラで、なんの不自由もなかった。（さらに英語はドイツ語と比べて「名詞の性」や動詞・形容詞の「性変化」も無いし語順の「倒置法」も無く、はるかに単純簡単容易である。）

◇加藤周一氏を教授に招請

さていよいよ「本番」〈正教授探し〉の課題である。（そのために僕は呼ばれた。）まず、学生さんたちも協力してくれて、「現在、西ドイツまたは西ベルリンに在住する日本人教授（または準教授）をシラミつぶしに探す」方針をとった。これが意外に早く奏功し、ケルン大学で客員教授として活躍しつつある住谷一彦立教大学教授と連絡がつき、先生もベルリン自由大学（ＦＵＢ）の教授職就任に積極的な意向をしめしてくださった。

住谷先生は1925年生まれなので当時（1969年）では44歳前後の働き盛り。ご活動の領域はすそ野が広く、社会学・歴史学にも数々の著書があるが、立教大学では経済学部教授を務めていらした。またドイツ関係に深い関心をもたれた。したがってケルン大学で客員教授をなさっていたのも偶然ではないと思われる。著書は多いが、例えば『マックス・ヴェーバー』『日本の意識—思想における人間の研究』『日本を顧みて—私の同時代史　歴史への視線』『ドイツ統一と東欧変革』等々があげられる。

先生はFUB就任を決意され、その旨学長に伝えた。（以下は住谷先生から僕宛手紙の引用「…立教の経済学部教授会の意向を伝えた文書がとどいており、教授会メンバーの圧倒的多数はベルリン行きに反対の旨が学部長によって述べられておりました。…大学全体としても一種の危機状態が生じつつあり、小生の帰国を強く待つ旨書いてありました。こういうかたちでは先ず小生のベルリン行は不可能といってよいのではないかと思います。…」

残念無念！　こうして幸先よいスタートは頓挫した。〈正教授探し〉の作業が「再出発」となった。

現段階で西ドイツ在住の日本人プロフェッサーは絶望と確認された。考え抜いていたところで、ふと「加藤周一氏」の名前が浮かんだ。「そうだ。彼も同じ東大医学部出身の先輩なのだ。たしか血液学専攻だった…」勿論それればかりではない。なによりも『日本文学史序説』を「書いた人」、そしてそれが「書ける人」だったことである。ひとから聞いた話だが、長い日本の文学の歴史について「どの時代をとっても自論を展開できるのは加藤周一氏以外にいない」とのことだった。加藤氏は「1960年代にカナダの大学で過ごしていた頃、大学で教える以外は時間があったのと、その大学に日本の古典文学の資料が十分にあったのを幸いに、日本文学を系統的に読んだわけです。その後『日本文学史序説』を書くようになったのです」と述べている【私にとっての20世紀】。

文学の領域だけでなく、彼の「日本（人）論」や広範な歴史批評、社会観、反戦思想…等、しかも世界各国を回った経験と国際的な知識と感覚の上で論説している。内容にはドイツ関係や社会主義関係も含まれている。加藤周一氏に来ていただければ、奇跡にちかい成果になるだろう。「ともかく、やるだけやってみよう」という気持ちに固まって行った。学生たちの何人かは加藤周一氏の名を知っており、業績の一部を読んだ者もおり、加藤氏就任の夢を語っていた。なによりもまず必要なのは加藤氏とのコンタクトである。複数の情報から彼がカナダの西部にある「ブリティッシュ・コロンビア大学」で教壇に立っていることが明らかになった。大学に電話で問い合わせ、その事実を確認した。そこでかなり長文の手紙を加藤周一氏あてに郵送して、ベルリン自由大学へのご就任を心からお願いした。

とうぜん東洋学科部門の教授が空席になったいきさつに就いて丁寧に説明し、また後任が住谷一彦先生に纏まりかけたのに、それが実現されなかった経過と残念さについて、本書で先に引用した住谷先生をめぐる微妙な立教大学の状況をふくめて熱心に伝えた。というのも住谷先生と加藤氏の専門分野は異なるが、両氏とも幅広い関心領域を持ち、互いに重なる部分もあるように、何となく直感したからである。たとえば二十世紀論、日本人論、社会学的分野などがそうだ。注釈として、僕が東大医学部で加藤氏の後輩にあたるなど自己紹介とベルリン自由大学にきた経緯、期待されている課題（正教授探し）などありのまま率直に書き記した。

2週間くらい経ってからのことだと記憶しているが、加藤氏から、若干の実務的質問を添えて、「基本的に受諾」の返事がとどいた。正直「まさか」という思いもこめて本当にうれしかった。学生さんたちも諸手を挙げて喜んでくれた。あとは教授職に就く各種の手続きを学生さんたちと事務当局に任せ、加藤周一氏の来着を待つばかりの環境を整えた。

1969年9月、加藤周一氏は正式にベルリン自由大学「東アジア研究所」教授として就任なさった。1973年8月まで、まる4年間その職に務められた。僕自身は1969年9月末ベルリンをはなれ、10月7日帰国したので、たいへん残念なことに加藤氏とともにベルリン自由大学で働いたのは1カ月足らずの短期間であった。一度大学のかなり大きな長方形のテーブルを囲んで、学生全員出席、また加藤周一氏と僕も一緒に参加して、「日本」についての「自由討論」の場を設けた。話題の中心が「天皇制」になり、僕も積極的に発言した。加藤氏はもっぱら耳を傾けて、ご自分がこれから「この学生たち」に、どういう講義をしたらよいのか、考えていらっしゃる様子で、ひと言「Mr.Ishiの意見に基本的に同意します」と述べられた。

本当はもう少し長く加藤氏とともに同じ職場で働き、彼から色々どっさり学び、またテーマによっては彼と十分な意見交換、ときには議論もしたかったのだが、〈正教授探し〉の任務を無事達成したので、加藤氏と学生たちに別れを告げた。僕のちょうど1年間のベルリン生活だった。あの頃僕の「教え子」だった一人の女性が、40年近くの長期にわたって東京都日野市に住んでおり、彼女とは時々顔を合わせる機会をもっている。

六　国際活動で学んだこと

改めて思い知らされたが、世界は広い、そして多彩だ。社会事情もその国の歴史も千差万別である。植民地から独立した国、体制を転覆して革命をはたした国、旧態存続の国など。そもそも天候気候からいって一様ではない。何回も赤道を往復した。アルジェリアのサハラ砂漠で昼は夏、夜は冬だった。蒙古ウランバートルの寒い季節では湿度がやたらに低く、静電気がたまりやすい。朝、階段の手すりにさわったり友人と握手をするだけで放電してビリッとくる。キューバはかがやく日光がまぶしいが、一方でハリケーンの通りみちでもある。ヨーロッパはアルプスの裏と表で陰・陽ほどの違いがあるが、全体として日本にちかい自然環境。しかし日本のように梅雨から残暑までのモンスーンがもたらすあの猛烈な湿気がなく、カラッとして快適で、過ごしやすい。

ご存じのとおり、（うまい訳語がないのだが、）〝ethnic〟【エスニック】という語がある。基本的に「国籍はちがっていても文化・言語・宗教の共通性をもつ集団」くらいの意味で、厳密ではないけれど、ほぼ「民族的な」に近い用語。地球上には数えきれないほどたくさんのethnic集団がひしめいており、それぞれ異なる歴史と文化的・情緒的な特徴をもっている。世界各地に飛んで数おおくの学生組織・学生運動と接触してきたがこのethnicな特徴を、おおかでも心得ていないとコンタクトが粗っぽくなり、組織活動もしっかりとできない。さまざまなethnic集団がそれぞれに異なる自然環境のもとに生活を営んでおり、異なる習慣をもち、異なる価値観をもつ。これらの集団がおたがいに結束したり敵対したり…それをまたさまざまな大国が操作して利用したりする。典型的な一例は英国帝国主義による中東分断である。世界地図を見れば一目で分かる。

シリア／ヨルダン国境、シリア／イラク国境、サウジアラビア／イラク国境の2ヶ所、ヨルダン／サウジアラビア国境の2ヶ所、ヨルダン／エジプト国境、さらにエジプト／スーダン国境、これらはまっすぐに一直線になっており、露骨なまでに「人工的」で不自然である。主として石油をねらって勝手に引いた直線であり分断地図なのだ。

さらに深刻なのはパレスチナとイスラエルの分断である。もともと何世紀にもわたってパレスチナのアラブ人とユダヤ人は平和に共存してきたのだ。これに楔《クサビ》を打ち込んだのが英国帝国主義と、それに結託したユダヤ・シオニズムである。したがってアラブとイスラエルの敵対関係に苦しむアラブ諸国の学生組織がイスラエル学生組織に呼びかける根本的なスローガンは

〈We are the same Semites !!〉すなわち「われわれは同じセム族だ!!」である。「同じセム族」が分断され、敵対させられたのだ。「だから一緒に共存しよう」という呼びかけである。しかしながらシオニズムと旧ソ連と東欧から移住してきた膨大な数のユダヤ人に強く握られている米国は絶対に耳を傾けない。かれらが他でもない今あるあの地域に、ヘンな国家「イスラエル」を打ち込んだ。この他にも近代世界史では欧米帝国主義列強、旧ソ連などの覇権主義勢力などの悪行がくりひろげられる。それ以前何十世紀にもわたりethnic集団の離合集散で人類歴史の絵巻を画いてきたともいえよう。その要素のなかで巨大な影響力をもっているのが「宗教」である。

幸か不幸か日本人ほど宗教色のうすいethnic集団はみかけなかった。したがってethnicのあり方が特殊で、逆に他のethnic集団についての識別力もおおまかなようだ。僕もそのひとりなので、大きなことはいえない。もちろんわが国の中心は仏教であり、たとえば葬式では多くの場合お寺のお坊さんが呼ばれお経があげられる。しかし唱えられる経典は、聞く者の耳にはほとんど意味不明のことが多い。また「仏教」といっても非常に多数の宗派に分散しており、ある種の新興宗派以外は人々の日常生活に「仏教色」がとけ込んでいるとはとても言えない。むしろその反対で、クリスマスになるとクリスマス・ソングが鳴りひびき、商業主義満開のさわぎになる。まるでキリスト教社会かのように様がわりする。キリスト教徒でもないのに教会で結婚式を挙げるケースは数知れない。

要するに事実上「無宗教」にちかい。さて、今の世界で一見「宗教対立」にみられる政治情勢があちこちに拡大している。とくにここ最近目立つのがイスラム教勢力である。しかし、僕が理解するかぎり、イスラム教は本来「キリスト教の敵」ではなく、バイブルの啓示を認め、その上により高く完成させた教えとしてイスラム教の経典コーランを位置づけている。これはコーランそのものが示唆している。ところがどの宗教でも、ひとたび「権力」をにぎって「政治勢力」になるとまったく「変質」して「別物」になるようだ。

キリスト教は「十字軍」で、また近代帝国主義の植民地支配の「道具」として、その変質ぶりを露呈させた。わが国の宗教史上でも、法然や親鸞は「権力化・特権階層化」して変質した比叡山勢力から脱皮して一般民衆である「世間衆生・市井《シセイ》の民」のための教え（すなわち念仏）をめざしたようである。イスラム教もまた「権力化」して広大な地域を支配して（今のスペインをふくむ）「政治勢力」化して変質してきたと思える。「ジハード（聖戦）」も乱用気味にきこえる。ユダヤ教も「政治勢力」に変質しところで侵略主義的「シオニズム」が形成されたと解釈できるだろう。

いまここで述べたいことは次の3点に要約される。①世界の多様な〝ethnic〟【エスニック】

集団が存在している。その文化・生活・思考様式の理解が大切である。②エスニック集団が大国の利権争奪の覇権主義にまきこまれて、元来のエスニック特性が歪められる。③一見したところ「宗教対立」とみなされる政治情勢も、その背景には「権力化」した宗教勢力があり、その「宗教的内容」は本来の宗教的教義から変質・逸脱している様に思える。またこれもエスニックグループを呑みこみ特性を失わせている。

七　その後の「身のふり方」——14年遅れ四〇歳で医者に

プラハを中心に、これまで書いてきた活動を展開してきた。離日するときは9年半にもわたるＩＵＳの本部常駐としての運動任務が、これほど長くなるとは予想されなかった。せいぜい2～3年で「後任にゆずる」つもりでいた。ところが安保闘争の総括をめぐる意見の食い違いがひとつの契機になって、全学連が分裂した。そのため、僕の「後任」は選びようもなくなった。一方自分の信念として、日本共産党のスターリン主義勢力にＩＵＳの位置を明け渡すことは許されなかった。はじめは医学の道に戻ることを当然と考えていたが、海外滞在が「無期限的に」長引いて結局、いずれ医学の道に戻るとしても、当面それは叶《カナ》わない、闘うのが使命だ、そう心に決めるようになった。

「医の選択」は次第に「別枠」に括られ、闘いに全面集中した。結果、それまで学んだ医学の知識はみるみる磨り減って行くのが我ながら分った。例えば、時に人体の或る部位の骨とか骨格筋の名称を思い浮かべようとしたが、すぐには出て来ない。これは、医学部に入りたて第

1学年の解剖学で学ぶ医学の初歩、イロハの「イ」なのだ。要するに「医学」の道は事実上あきらめ、断念したのが実情である。

ベルリンから帰国せざるをえなかった直接の理由は「家庭の事情」だった。僕の母親が脳卒中で不全麻痺、なかば「寝たきり」の状態になった。最終的に帰国したのは1969年10月7日。しかし、帰国しても「医」の字も、その道に戻る気持ちも消え去っており、またとうぜん自信も全く磨滅していた。そう言っても食べて行かねばならないし、家族を養わなければならぬ。やがてブント関係のコネ、つまり当時その会社の要職に就いていた元ブントの幹部〈常木守君〉の好意で、渋谷に本社のある言語関係会社「東京イングリッシュ・センター（TEC）」に就職した。子供の英語教育部門「イングリッシュ・ラボ・センター」に配属され、英語には不自由しない僕は「教育担当責任者」みたいな役職に就いた。それなりに理に叶った教育システムである。

就職早々「国際言語学大会」の下準備のため、米国に派遣され、2ヶ月近くアメリカ各地を旅して高名な言語学者との面会などをこなした。チョムスキーもその一人であった。（結局その「国際大会」は日の目を見なかったが。）TEC社の仕事には一定の評価を持っていたが、1971年後半の或る日、東大医学部に在学中親しかった仲間たち（先述した「原水爆展」の同僚）が拙宅に来訪。「石井が卒業しないままになっているのには、我々も無関係ではない」

という主旨の言葉をもらった。色々に解釈可能な、意味深長な話で、煎じ詰めれば「卒業しないままの石井を見ていられない。生活費は何とか工面するから、医学を再勉強して卒業してくれ」という事だった。

このとき、驚くべき真相を聞かされた。一般に、どこの大学でも規定の在学年数の2倍を越えて留年すると、自動的に退学処分になる。当時医学部は4年制なので、留年して8年が限度である。僕はその年限を疾くに越えていたので、てっきり「退学」の身になっていると思い込んでいた。さきほども述べたとおり、医学の道は断念していたのである。ところが、である。高橋国太郎君を中心にして、仲間たちが大学当局側と交渉してくれ、独自に「自主退学」の手続きを取ってくれていたのだ。要するに時計の針の「凍結」で、「解凍」すれば針は再度動き出す、という仕組み。僕はことの意外さに驚き腰を抜かすと同時に、感激して限りなく涙が出て泣いた。（ここでも元医学部長・吉田富三先生のご配慮があったらしい。）１９７２年２月、当時の医学部長・中井準之助先生を大学に尋ね、即刻「復学」が決まった。中井先生は、先生の助教授時代、「原水爆展」の仲間の集まりに度々顔をだして下さり、極めて身近な存在だった。同年４月から「最終学年を1年やり直して卒業」という線が決まり、すっかり消し飛んだ「医学部４年分の空白」を1年で取り戻す段取りとなった。４年間分の勉強を1年間でこなすのだ。学友の助言に従って「内科診断学」から始めた。医学部在学中よりも濃密度の学習にならざるを得ない。

もっと困り果てたのは臨床実習である。「新しい同級生」は僕よりずっと若く、10年も遅く医学部に入った学生さんたちである。さらに具合悪いことに、僕の面相は実際の年令より老けて見える。各科を回ると、殆ど必ず「先生ですか、学生さんですか？」と看護の人から訊かれる。また更に不都合なことに、学生証番号の付け方が、「空白の10年」の間に、「年号」から「西暦」に変わったのだ。僕は昭和30年入学で、番号は五十音順のため「8番」。結局、学生証番号は元のままで「３００８」。しかし今度の同級生は、「医学部コース＝理科３類」になって６年制になってからの世代なので、西暦１９６７年入学の筈である。したがって、「８番」の学生さんの番号は、恐らく「６７０８」だった筈である。（正式に「医学部」になってからの番号であれば「６９０８」）「３００８」と「６７０８」が共に同級生なのだから、どうみても紛らわしい。僕の番号を西暦で表せば、実に「１９３０年＝昭和５年」の入学となる。何ともすごい落差である。

こうして、このクラスでは終始「ヘンな学生」のままで1年間が過ぎたわけだ。まず何よりも苦しんだのは「10年間のブランク」のために「医学の道」の実感が僕自身の頭と心と身体に、そう簡単にしっくりとは入って来なかったことだ。「メンタリティの復権・復活」は容易でなかったのである。それでも、臨床実習を一つずつこなしてゆくにつれて、少しずつではあったが、次第に「軌道」にのってきた。「メンタリティ」をそれなりに「取りもどして」きた、といえる。今思うに、しんどかったが、遣り甲斐のある一年間であった。

本書の冒頭部分で「…卒業を目前にひかえ、…じっさい卒業試験も半ばすませていた。」と書いた。これは、そのとおり事実であったが、ことばの裏をかえせば「半分は済ませていなかった」ことになる。事実そうだった。そこで当然、残り半分の卒業試験を受けることになった。小児科の口頭試験のときだった。そのときの試験官は、何と当時助教授の鴨下重彦先生（のち医学部長）だった。元僕の「同級生」なのだ。びっくりしたのは僕だけではない。鴨下先生も目をまるくして驚き、「え？　石井君じゃないの？」と声を上げる場面となった。こちらにしても「え？　鴨下君じゃないか」と叫ぶ心境だった。「口頭試験」はなかば個人どうしの会話になって終わった。つまり元の同級生が「助教授」と「卒業試験をうける学生」の両側に別れて再会するという「いきさつ」になったのだ。

こうして1973年3月無事卒業。同年10月の医師国家試験に合格し、40歳で医者となった。元の「同級生」から遅れること14年、「遅咲き」もいいところだ。僕たちのクラスは昭和34年卒業。「3・4」をもじり、夏目漱石の小説「三四郎」と、そこから来た「三四郎池」にあやかって同窓会は「三四郎会」と名付けられている。この元同級生の好意で、14年遅れで卒業した僕が「正メンバー」として登録されている。ありがたいことだ。去る2009年3月4日（ここでも3・4にこだわっているのが同級生の大多数意見だった）、「卒後50周年記念」のイベントが盛大に開かれ、勿論僕もよろこんで参加した。名誉教授クラスの仲間もたくさん居て、それぞれ「医学の道」をしっかり歩んできた顔ぶれだった。僕は練馬区にあるかなり大きい（大きさは自慢にならないが）精神科で30年間ほど務め、次に「介護老人保健施設」の施設長として4年ほど働き、今また精神科医として埼玉県の病院で主にご老人を診て日々を過ごしている。実践的行動はなかなか難しいが、「理念」として「共産主義共同体社会の実現」を大切に保持し、国内・世界の動きから目を離してはいない。

八　21世紀の世界

◇変貌したノメンクラトゥラが牛耳るロシア資本主義

先に「旧ソ連・東欧型の政治経済分析 — その〈ことはじめ〉」の項で「ノメンクラトゥラ」を「国のあらゆる国家機関・企業の責任部署をうめつくす寄生的な共産党のエリート官僚階級」と規定した。ここで「寄生的」とは「システムに寄生する」の意味である。その構成人数は、旧ソ連全国の中小の役所や企業までもふくむので十万単位にのぼるであろう。これを念頭において論稿をすすめよう。ゴルバチョフ政権でソ連邦が崩壊するまでも、ゴルバチョフ自身の改革案をふくめ数々の「経済改革案」が提示され、中には実行に移されたもの、移されなかったもの様々である。

なかでも体系的内容を誇ったのはフルシチョフとコスイギンの改革方針があげられる。いずれも生産の量と質の向上をはかったものであるが、いずれも「体制内改革」で体制の骨格にまでは及ばず、ゴルバチョフ方針は実行の前に政権と国家機構全体が崩れた。ここではじめて「体制外」改革がスタートをきる。推進役の中心はエリツィン大統領と、その経済ブレインのカイダール副首相であった。経過の詳細は省略せざるを得ないが、「改革」の主要な特徴を指摘すると次の2点に集約される：①「上からの改革」である。②テーマの中心は「民営化」と「市場経済化」である。「民営化」の言葉じたいは別にあたらしいものではない。わが国でも「郵政民営化」でいまだに大騒ぎだ。「国鉄の民営化」でＪＲ各社が生まれた。鉄腕女性サッチャー首相も英国の労働党が国有化した諸企業を民営化してそれなりの成果をあげた。

しかし、英国も日本も社会全体は私有財産を根本にした資本主義の社会で、国有化されていたのは、その例外的な一部分であった。ソ連・ロシアとなるとまるで話がちがう。国全体がまるごと国有システムだった。人体で例えれば、日英では片腕だけですむ。ところがソ連・ロシアでは内臓や脳までもふくみ身体まるごと「別もの」にせねばならない。もちろん両腕・両脚（左右上下肢）をふくむ。しかも広大な領土におよぶ。とても日英の比ではない。「上からの改革」をすすめるには先ず私有財産化をふくむ「法律」を成立させる必要がある。ロシアでは事態の経過に合わせておびただしい数にのぼる法律と法令が作られたが、骨格をなす基本法と法令は：①「国有・公有企業の民営化にかんする法律（91年7月3日）と②「国有・公有企業の民営化国家プログラム（92年6月11日）＝これは当初毎年ごとに区切って発令された。」の2本である。

では、法にもとづいて「民営化」された企業のトップ（社長）はどのようなプロセスで決まるのか。実に簡単そのものである。「重役会議で決める」などの手間はいらない。まして「株主の意見を尊重して」なんかは〝概念〟としてすら存在しない。こうやって「決める」のだ（「決める」ではない）…「今までの国有企業の責任者がそのまま『社長』になる。」要するに「国有」から「民営」への平行移動にすぎない。同じ企業において「国有企業責任者」の「民営企業の社長」への「アマクダリ」そのものである。その当人こそ「ノメンクラトゥラ階級」の一員だ。こうして全国数十万の企業と役所のトップをノメンクラトゥラの連中がうめ尽くして君臨する。

ここで一つの厳然たる事実が証明される。すなわち「ノメンクラトゥラの数十万特権層の面々は元々共産党のエリートでありながら『共産主義・社会主義』にはなんの関心もなく、関心は『役職』に集中していた」という事実である。彼らなりにソ連を「社会主義国」と信じていたとすれば、「民営化」された時、職を投げうつのが道理なのだ。しかし彼らは「役職」にしがみついた。旧ソ連はそこまで芯からくさり果てていた真相が露呈される。その後年月もたち、「ロシア資本主義」も様々な変化を来たしているであろう。新しい有能な企業家も多彩な姿で登場してきているだろうし、ノメンクラトゥラがいつまでも企業のトップに居座って物事が円滑にすすむとも思えない。実状にかんする情報の不足もあり、いまここで「ロシア資本主義」の進路について論ずるつもりは全くない。土俵外である。今後、一種の「帝国主義化」は予感できる。

◇欧州連合に吸収され属国化する東欧諸国

ここで対象になるのは、現在欧州連合（ＥＵ）に加盟している国々で（西ヨーロッパに近い順）、ポーランド・チェコ共和国・スロヴァキア・ハンガリー・スロヴェニア・ルーマニア・ブルガリアの７ヶ国である。これらはすべて１９９８年〜２００１年に旧ソ連型体制が崩壊し、国有企業は民営化された。チェコ共和国以外は、元々戦前においても「後進国」的な工業・経済水準にとどまって、輸出産業も貧弱で、西欧資本への依存度が高かった。とうぜん旧ソ連型体制においても体質は改善されず、体制崩壊後そのまま欧州連合に加盟した。旧ソ連型体制で生産力と生活水準の低さを体験した東欧諸国は、官民ともに「西欧の繁栄」が蜃気楼のように映ったのであろう。じっさい、２００８年のリーマン・ショック以降の金融危機・世界的不況の嵐が吹く前までは、国別の濃淡はありながらも、表面的には数年にわたり高成長をつづけてきた。これは主として「FDI（海外直接投資）＝受け手からすれば〝外資導入〟」がもたらした「手品」だった。しかし「資本の本体」はそう甘くはない。

まず世界的な過剰流動性によって西欧資本は東欧に巨大投資をおこなってハイ・リターンを狙ったものであった。その一部として東欧諸国での企業の吸収・合併もはげしい勢いで進められた。民営化された銀行も格好の投資先となり、外資系金融機関が銀行部門の総資産において6〜9割を占め、そのほとんどが大陸欧州系となっている。なかでもオーストリアが群をぬいており、ドイツ、スエーデンなどがそれに次ぐ。さらに貸付金も膨大な額（2240億ユーロ＝約28兆6000億円　2009年5月現在）にのぼっており、その一部の債務不履行も国家破産につながりかねないとも言われている。東欧の「低賃金労働力」も巨大な利益を生むのに好都合だった。国有企業が民営化されて失業者があふれていたのだ。そこへ金融危機・世界的不況が直撃して「手品」のネタは直ぐにばれた。状況不利とみて西欧企業は資本の引きあげを急ピッチですすめている。

また低賃金で使いまくった上で、今度はリストラすなわち余剰人員の大量解雇を平然とおこなっている。この表現は使いたくないのが本音なのだが、「東欧資本主義の寄生的性格」がますます表面化している。東欧のなかでもチェコ共和国は電気、自動車など国際競争力の高い輸出産業で貿易収支を黒字に転じたとされている。しかしチェコ車でもっとも人気のあるシュコダはたしかフォルクスワーゲンの傘下に入ったはずである。チェコの自動車産業の運命は「フォルクスワーゲン次第」となりかねない。万一この部門での危機がつづけばチェコだけでも30万人が職を失うと想定されている。このほか対ユーロ為替相場の急速な下落も問題である。輸出産業はともかく、通貨価値の大幅な目減りは景気の悪化につながりかねない。

◇制御不能に陥るグローバル金融資本主義の運命

僕はとても金融専門家ではない。むしろそうした「金融専門家の面々」から距離をおいた、離れたところに身をおいて考えていきたいと思っている。というのも「金融専門家の面々」のあいだでも、金融資本主義の定義そのものと世界におけるその機能様式や勢力動態について、視点と分析アプローチが様々で、未来にかんしての意見は交錯し分散しているからである。これはまず、「金融資本」そのものの性格が多様化してきているためで、第二に世界政治経済情勢が流動的で、将来の見通しがかならずしも容易ではない現状を反映しているためと理解している。もちろん本書にとって「金融資本主義の分析」はまったく主なテーマ外だ。しかし「資本主義の現状と見通し」について全然触れないのも不自然でおかしい。そこで僕なりにいくつかのキーワードを記し、「金融資本主義」考察の大すじをしめしてみよう。

【キーワード】＊市場至上主義　＊金融自由化（規制緩和）　＊直接金融システム（脱間接金融型）　＊（資産の）証券化　＊金融工学　＊証券化商品　＊グローバリズム　＊コーポレート・ガヴァナンス　＊デリヴァティヴ（金融派生商品……投機的先物取引をふくむ）

「金融資本」自体はすでには19世紀末から出現しており、銀行資本と産業資本が一体化したもので、巨額の資本蓄積をなした銀行が産業資本に投資し、産業資本を支配して強力な企業を形成する。日本では三井、三菱、住友などの旧財閥が典型的でコンツエルンを形成していた。「金融資本」は産業資本を支配したが、その構造ゆえに「金融資本」は産業資本なしには成り立たない。「金融資本」と「産業資本」は「表裏」の関係で一体化して支えあっている。しかし「金融資本主義」は「資本主義の原点」である産業資本（製造業＝物作り）の基盤なしに、資本を金融市場で運用することで利益を生みだす経済原理の仕組みである。文学的に表現すれば、「表だけのお化け」といえる。「金融資本主義」は世界を制覇し支配権をにぎったかにみえたが、サブプライムローンやリーマンブラザーズの破たんで、その弱点を露呈した。ここで今、僕自身が大まかに考えている当面の「テーゼ」を試論として提起し、その説明でこの項の「まとめ」としたい。

ここで「テーゼ」と名のっても断定的な結論ではなく、より正確にいえば一種の「作業仮説」である。つまり現実を観察し分析した上で、まず「こう論理化できる」という「仮説」諸項目を立てる。その「諸項目」を包括的に総合して一定の整合性が成立するならば、それをもって「当面のテーゼ」として結論づける。これを「当面の根拠」としてナマの現実と照合させて、「検証」してゆく。その「道程」だ。

◇当面のテーゼ（作業仮説）：【「金融資本主義」はその強力な推進力のエンジンそのものの中に、「自己破壊的な装置」を構造的に内包している。】

まず、いま述べたとおり、「金融資本主義」は「資本主義の原点である産業資本の基盤なしに資本を金融市場で運用することで利益を生みだす」経済原理の仕組みである。ここにもっとも本質的な「自己破壊的な装置」の第一の根源がある。「表だけのお化け」なので「マネー・ゲーム」を可能にしてしまう仕組みなのだ。

１９４４年7月のブレトン・ウッズ協定によって金・ドル本位制による固定相場が確立し、

各国通貨はドルを基準に価値が決まり、ドルの価値は金によって裏付けられた。ところが1971年8月、ベトナム戦争で資金の絶対的不足をきたした米政府は「金・ドルの交換停止」を発表した。つまり「金による裏付け」のないドルの出現、いわゆる「ニクソン・ショック」である。「表だけのお化け」発生の条件生成ともいえる。しかも世界中の通貨の基準であっただけにタチが悪い。「危険性を世界にばらまいた」ことになる。「裏打ち」なしで動けるので「色々細工できる金融」を可能にしてしまう。これが第二の「自己破壊的な装置」である。

「金融資本主義」の金融運営は「規制のない自由な世界市場」を絶対的な前提としてもとめる。これが第三の「自己破壊的な装置」である。これは「金融資本主義」が、銀行という緩衝領域をもたない効率のよい「直接金融システム」で成り立っており、ハイリスク・ハイリターンという本質的目的に付随する特徴だからである。「規制のない自由な世界市場」原理主義だ。分かりやすくいえば「市場へのマル投げ」そのものである。経済学的には「新自由主義」と呼ばれるらしい。日本でも小泉・竹中路線が突っ走ったが「格差」を深刻化するだけだった。

2006年、世界中から米国への資金流入量は最高額に達し、米国は金融工学を駆使し金融バブルの全盛期をむかえる。「金融工学」とは経済学・会計学・工学・数学などをとりこみ、数理ファイナンスを基礎にして金融機関の取り扱う事業活動のリスクを計測して避け、複雑な内容の「証券化商品」とその組み合わせを生み出す「高度な技術」である。（リスク回避のため「微分方程式」が駆使されるそうだ。しかし、この方程式が無力であったことが実証された。なぜか。そこには「商品リスク」が函数化されていたが、「市場そのもののリスク」が函数に入っていなかったからだ。）サブプライムローンそのものの債権も証券化された「金融工学」の産物だった。投資家たちは破たんのリスクをさけるため、債権を手元におかず、債権は小口証券化によってリスクが見えないように様々な「優良証券化商品」に巧妙に組み込まれて「新しい債権」がつくられ世界中に販売された。（卑劣な「マネー・ゲーム」の手口だ。）購入会社は米欧・日本はもちろんのこと、ロシアや中国までもがふくまれている。そして破たんした。ところがまず、購入した莫大なその「新金融商品」の中にサブプライムローンの債権が「組み込まれていた」こと自体、大方が「知らなかった」らしい。まして「量的にどの位組み込まれていた」か、とんと不明確なのだ。したがって「損害の総額」がわからない。さらに損失額は「証券化商品」が「金融工学」を応用した産物で内容が複雑すぎて算定困難なため、購買各社の損失もいまだに清算されきっていない。米国第4位の証券会社リーマンブラザーズはサブプライムローンの債権を大量に保有していたため、サブプライムローンの破たんで債権が不良債権化して破産した。やはり損失総額は算定困難で、清算されていない。こうして「金融工学が生みだす複雑すぎる証券化商品」、これが第四の「自己破壊的な装置」である。

ソ連・東欧体制の崩壊を「市場の勝利」と妄想したが、じつは腐敗しきった体制の自己崩壊だったのだ。そしてあたかも「資本主義の世界市場」が門戸を開いたかにみえ、「金融資本主義者はグローバリズムの妄想」を抱いた。ちょうど時期的にも国境をこえたグローバル商品であるＩＴ産業の世界的バブルとかさなったため、この「妄想」の中身がなおさら限りなく現実らしく映ってしまった。この「妄想」が第五の「自己破壊的な装置」である。「グローバル」は「国境のない世界的」で、インターネットと同じだ。「国境をもちつつも国境を越えて」が「国際的」だが、その「国境を無視した全地球的」が「グローバル」である。

「金融資本主義」は体質的に無限の拡大をもとめる。「金融資本主義」の勢力は単体ではない。「金融資本帝国主義」どうしの縄張り争い、支配権争奪戦は避けられない。また、極端な貧富の格差を必然的に出現させる。「金融資本主義」は「アクセルのみでブレーキがきかない」特性のため、世界を破滅させ、その中でとうぜん「金融資本主義」も破滅する。ただそこまで行く前に、「金融資本主義」は自己破壊的な仕組みのため存在根拠を失って、消滅する可能性が高い。すでに「金融資本主義」がまき散らした「世界大不況」のなかで、「金融資本主義」がその真犯人であることが次第に認識されつつあり、「金融資本主義」は信頼度を大きく低下させ、「出る幕」は狭められてきている。

次に「コーポレート・ガヴァナンス」の問題がある。（Corporate governance＝直訳すれば「企業統治」、じっさいは「企業体制コントロール」の意）これには屈折した歴史があり、主要先進国の中で意味合いも形態も様々である。世界共通のルールもない。しかし現在「コーポレート・ガヴァナンス」が経営の重要課題として強烈に注目されている点では万国共通である。日本でも、中国さえも例外ではない。それだけ「企業体制の在り方」が問われている事実は、全世界がきびしい過渡期にあることを示す。当然とてもここでは展開しきれないし、それが目的でもない。したがって「金融資本主義」の本山であり、「コーポレート・ガヴァナンス」概念・用語の発祥の地でもある米国を主な対象として考える。まず「原型」の経過をとらえ、そこから様々なヴァリエイションをみて行く方が分かりやすいだろう。いずれにせよコーポレート・ガヴァナンスは「金融資本主義」と密接な関係をもってきているので、その「関係」に焦点をあわせ、超単純化した形で説明を試みる。さて、「コーポレート・ガヴァナンス」は1960年代、アメリカにおいて、ベトナム反戦運動・公民権運動など「正義を求める」はげしい社会的風潮の中でうまれた。ニクソン大統領再選にむけた違法献金・企業の賄賂・大企業の倒産にからむ粉飾決算・・等々にたいし、「企業の在り方を正す」方向であった。「企業」は「経営者」と「株主」以外にも「ステイク（利害関係）・ホルダー（持ち主）」すなわち「利害関係者」がいる。従業員・取引先・債権者・顧客など様々だ。

いまここでは、ものごとを単純化するために、「ステイク・ホルダー」は省略し「経営者」と「株主」の二者にしぼる。多彩な経過を通って1993年アメリカ法律協会が「コーポレート・ガヴァナンスの原則」を発表した。これが、国際的にも企業体制の基準のヒナ型を提供した。「企業の取締役会は、企業経営に関与する者を監視せねばならない」と述べ、結果として企業は大まかに3部門に分割された。①株主　②経営者（執行役員）③監査役（非執行役員。経営者と親族関係・従属関係・利害関係にあってはならない。）つまり執行部から「独立」した存在だが取締役会の中から選出される。「外部」からも可能になってきている。以上3者のうち、②と③が取締役会を構成し、①は取締役会外である。①と③が②を監視する。つまり「経営者の勝手な動きを許さない」点では「正義の構造」といえる。ところが取締役会は「株主総会」で決められる。その意向にそって事実上「監査役」も決まってしまう。従来日本の株主総会のほとんどは、「総会屋」対策以外は事実上セレモニーだった。ところがこの新しい「コーポレート・ガヴァナンス」では、その構成的仕組みを「逆手」にとってうま味ある足場にしつつ、「株主」は企業における支配権を飛躍的に強めた。よく話題になる「モノ言う株主」の表出化である。「金融資本主義」がしばしば「株主資本主義」といわれるのにも一理ある。「正義」の旗で「のっとり」を行うわけだ。

「株主」のうちでも、その中心的存在として企業経営を左右するまでになってきているのがケタ違いの資金を保有する「機関投資家」である。「個々の機関投資家」が市場を活用して経営者に圧力をかける。監査役をとおして経営者の人事まで左右する。結果として「経営者」は

「株主の道具」になり下がる。「コーポレート・ガヴァナンス」自体が「株主の道具」と化す。ここで「株主」とは主として「機関投資家」をさす。「機関投資家」とは投資を目的として組織された集団で巨大な投資資金（ファンド）を保有する。各種保険会社・銀行・信託銀行・ヘッジファンド・企業年金等々がこれにあたる。機関投資家の企業はひたすら「カネ」のみを目的として市場に突進する。これこそが「金融資本主義」であり、その実態である。ここには公共の配慮や公害などは眼中にない。そして企業の大切な側面である「ステイク・ホルダー」の要求や希望すらも企業の利とみえる部分以外は切りすてる。「金融工学」の枠外になる。こうした社会性と公共性を無視する本質的な性格が第六の「自己破壊的な装置」となる。やがて社会の「超粗大ゴミ」として廃棄されるだろうし、されるべきである。もう半ば捨てられ気味である。

◇「走資派」が操作展開する中国の未来像

「走資派」とは文字通り「資本主義に走る一派」のことで、文化大革命の時期に毛沢東が「造反有理」をかかげて、当時権力の中心を構成していた劉少奇や鄧小平を「走資派」ときめつけて批判した歴史がある。文化大革命の暴風が去って中国共産党の最高実力者に復権した鄧小平は「改革・開放」を政策の根本にすえて、今日の「繁栄」をもたらした。「繁栄」の元祖として崇拝されている。現在の中国は市場原理のうえに株式会社が運営されており、証券取引所も整備され、資本主義そのものの性格をつよめている。成り金の高額所得者が急増し「中国ブルジョワ」が続々生み出されている。僕はべつに「文化大革命」を支持するものではないが、毛沢東がもっとも嫌悪して予感した姿が現実になったといえよう。

中国キャピタリズムの経過は、大まかに2段階に区切られる。①1978〜1993年「試行期」ととらえてよいだろう。1978年は鄧小平指導のもと、「改革・開放」政策がスタートした年である。この時期は中央計画経済と市場経済の併存、いわゆる「混合経済」のタイプである。②1993〜現在　株式制企業と市場経済を全面化させた時代で現在進行中である。しかし「全面化」といっても中身は「混合経済」の残遺をひきずった独特のものである。ある書物で「国営から国有へ」と述べているのを読んだが、短い表現で核心をついているなと感じた。

いっぽう中国では「一株独大」と呼ばれるパターンであるが、その特徴をみていこう。国営企業は株式会社になり、証券取引所にも上場され、とうぜん株券も発行される。ここまではオーソドックスなキャピタリズムである。ところが、株券（株式）は3種に分類される：

①国家株、②法人株、③一般株である。いっぽうで、A「流通株」とB「非流通株」の2系列に分類される。そして「流通（可能）株」は③のみで、①と②は法律で「非流通」すなわち「流通不可能株」と定められている。

全国の上場企業2000～2003各年の株式分布では「非流通株」が64～65％台を占めている。

上場企業の株式が「流通しない」のは不自然でヘンであるが、元々が100％国営企業で「株式」そのものが不在だったのだから「仕方ない」、「今後は％も下がるだろう」と考える人がいるかも知れないが、上記の「％」がしめす事情はまったく違う。要するに中国共産党当局が法律まで作って「株式流通の元栓」をにぎって締める、「制限・管理」の比率「％」である。「キャピタリズムの独り歩き」の危険性を十分に意識して「それを許さぬ決意と警戒心」のあらわれである。国有企業の「株式会社化」は「民営化」ではない。「公社化」して企業運営は「国営」ではなく、公社の裁量にゆだねる。しかし大幅な「非流通株」で事実上の「国有」は手放さない。まさに「国営から国有へ」なのだ。

そこで「将来」が問題になる。一種の「力比べ」だ。「キャピタリズムの力動」vs「共産党の支配権力」の勝負である。「一株独大」がどこまでもつか、でもある。巨大な「流通しない株式」は根本的な不合理、自己矛盾をふくまざるを得ないように思われる。キャピタリズムの力動は本質的・自動的に「自己増殖」をもとめて作動する。そうしないと「不合理」だけが産出され、再生産される。支配権力がキャピタリズムのもつ本来的な「自己増殖」を権力でおさえこもうとすれば、今度は「不合理」を相手にしてたたかうハメに陥る。ドロ沼だ。共産党の支配権力を支えているのは法律と人間である。「法律」は社会の「実状」に合わないと唯の「紙と文字」となって死ぬ。人間は・・話がそれるから止めておく。僕の持論で申し訳ないが、歴史的にみても、ある「体制」を維持するには「敵」を必要とする。

皮肉なことだが「敵」に対するたたかいが民衆の団結を生む例が多い。キャピタリズムの力動と誘惑に打ち勝つには「敵が明白で、敵とのたたかいで民衆が団結する」ことが不可欠である。「共産党」を名のる以上、本来は「キャピタリズム」が打倒すべき「敵」のはずである。ところが警戒しながらも、本来の「敵」を「味方」にひきよせた。「パンドラの箱」のふたを開けてしまった。いまの中国で、日常的に接しているキャピタリズムを「敵」と意識する民衆は居るだろうか。歴史的に「帝国主義」一般、とくに日本帝国主義は「敵」として教科書で教えこまれるだろう。しかし「帝国主義」の本質がキャピタリズムに他ならぬことはどう教えるのか。

現状では「帝国主義は敵」だが、日々密着しているキャピタリズムについては「キャピタリズム」とも意識されていない民衆の姿が映る。これでは「キャピタリズム」に勝てるはずがない。

僕自身の考えとして、中国の未来は決して明るくはないと考えている。主な弱点＝アキレス腱は次の4点である：①形式的には「中国政権が中国キャピタリズムを制御している」という主従関係であるが、実質的には「政権がキャピタリズムにより、その制御を迫られている」状態が進みつつあり、主従関係逆転の可能性を否定できない。つまり、「政権」が中国資本主義の「道具」になる要因をふくみつつあり、やがて「道具としても役にたたない」時期の到来も否定できない。②支配権をにぎる共産党内部で「汚職が蔓延」している。また企業間関係でも多様な賄賂がうごめいている。共産党もこれらに危機感をとがらせ、諸会議でその「撲滅」をよびかけているが、「汚職を生む構造（システム）」を崩さぬ以上、「撲滅」は自動的にムリである。その「構造」とは共産党政権が「改革・開放」でつくりだした中国資本主義に他ならない。全くの自己矛盾である。③漢族によるチベットとウイグル征服、隷属化。これは事実上、古典的な「植民地主義」そのものである。いずれ破たんせざるをえない。④インターネットの普及。これで「世論の上からの統制」は困難になる。旧ソ連型の対応は効かない。政権党内部・企業領域での汚職、中国資本主義の矛盾などで、権力では抑えきれない世論の噴出から暴発まで、「想定内」に位置づけられる。

書きおえて

国際学連の体験については、一度出版計画が本決まりになったことがあります。20年以上も前のこと、僕を送り出した友人たちが中心になって話をつめてくれました。「きちんとした報告をまだ聞いていない。まともな報告をすべきだし、われわれは是非聞きたい」という意向だったのです。僕もその気になって、出版社と予定期日も決まりました。しかし仕事の多忙さだけでなく、僕のミスがかさなって計画は挫折してしまった。引っ越しの際、数冊にたまっていたパスポートをまちがって紛失したのです。パスポートには訪れた国々の入国・出国の年月日がヴィザのスタンプとしてのこる。これで「年代記」がほぼ自動的につくれる。「紛失」のため、つくれなくなった結果、出版は断念されました。今回は、のこされている資料や記録から「年代記」をつくりなおしました。

「まえがき」にも記しましたが、栗山さんと松田社長のご好意にあずかり、出版にこぎつけました。ここで、あらためてお二人の方に心からお礼を述べたいと存じます。

考えてみると、前述した頃から時が過ぎ、短期間で世界はずいぶん変わりました。あのころ、ソ連はまだ「あった」のです。その存在が消えたのですから、やはり「激変」の感は否めません。みなさんも同様な感慨をお持ちかと察します。こうした状況の変化をふまえながら、僕なりに「国際学連での体験」を振りかえってみました。

僕を送り出した諸君には「遅れたご報告」です。60年代の追体験の機会にもなります。「60年安保闘争」の、かっきり50周年にあたります。もう一度「あのころ」の精神を想起するのも価値ありと思えます。

本書に目を通していただいた方、あるいは「目次」をみただけの方も、「ずいぶん間口を広げたな」「土俵外の余計な領域まで云々しない方がよい」などの感想を抱いたかもしれません。そういうご批判には謙虚でありたいと思います。生半可なところがあるかもしれません。ただ国際学連のような国際的で複雑な場面において、まともな活動やたたかいを進めるには、どうしても「間口の広い」関心を持たざるを得ないのが現実です。あとは分析・判断の正しさが問われる、能力の問題です。外からみると「土俵外」かもしれませんが、自分のなかでは「土俵内」にならざるを得ません。その上で内容の「正しさ」が問われます。したがって批判の対象は「土俵のうち・そと」ではなく「内容」の正否です。内容に関するご批判は率直にお受けしたいと思いますので、ぜひお寄せください。

二〇一〇年六月

石井保男

石井　保男（いしい・やすお）

1933年８月２日	東京生まれ
1953年４月	東大教養学部理科２類入学
1955年４月	東大医学部進・入学
1959年２月25日	（３月31日卒業予定直前） 羽田空港よりプラハに向け出発
1959年３月～'67年	国際学生連合（IUS）副委員長 ～'68年９月まで引き続き日本全学連 代表としてIUS本部書記局に常駐
1968年９月～'68年９月	ベルリン自由大学東洋研究所講師
1969年10月	帰国
1961年	東大医学部依頼退学
1972年４月	同学部復学
1973年３月	同学部卒業
1973年～2008年	医療法人一陽会　陽和病院　勤務 副院長、附属高等看護学校校長を歴任
2004年４月～'08年１月	老健「練馬ゆめの木」施設長
2008年２月～現在	医療法人尚寿会　大生病院　勤務

わが青春の国際学連——プラハ1959～1968

2010年７月３日　初版第１刷発行

著　者：石井保男
発行人：松田健二
発行所：株式会社 社会評論社
東京都文京区本郷2-3-10
03（3814）3861　FAX 03（3818）2808
http://www.shahyo.com
組版・装幀：有限会社 ケーズグラフィック
印刷・製本：株式会社 技秀堂